Arbeitsgemeinschaft Leseförderung

Einfache und altersgemäße Lesetexte für Jugendliche

Verschiedene Textsorten mit Arbeitsblättern

Mit Kopiervorlagen

PERSEN

Die Autoren

Die Arbeitsgemeinschaft Leseförderung besteht aus Lehrkräften verschiedener Förderzentren mit dem Förderschwerpunkt geistige Entwicklung in Mittelfranken, Bayern.

Die Autoren der Arbeitsgemeinschaft Leseförderung:
Dorli Beez
Maike Harnack
Annett Cremer
Thomas Mattlener
Petra Popp
Thomas Reißer
Angela Schmidtkunz
Henning Siemens
Dagmar Titera

Dieses Werk ist eine Erweiterung des bisherigen Titels „Einfache und altersgemäße Lesetexte für Jugendliche" (ISBN 978-3-8344-3703-7).

Gedruckt auf umweltbewusst gefertigtem, chlorfrei gebleichtem und alterungsbeständigem Papier.

2. Auflage 2018

Illustrationen: Julia Flasche, © Hundertwasser Archiv, Wien (Foto S. 45/46), Ari Plikat (Auge S. 5/63)
Überarbeitung: Typographie & Computer, Krefeld

ISBN 978-3-403-20036-9

www.persen.de

Inhalt

Vorwort:

Zur Arbeitsgemeinschaft Leseförderung 4
Zur Zielgruppe und Zielsetzung dieses Bandes 4
Zum Konzept und Einsatz der Kopiervorlagen 5
Zettel zu Aussprachehilfen bzw. Worterklärungen von Fremdwörtern 6

Texte und Arbeitsblätter:

Mitten im Leben – Freizeiterlebnisse

1. Nina trifft den Superstar 8
2. Der Schweine-Club 11
3. Alban spielt Klavier 13
4. Das Fußballturnier 15
5. Teamgeist 18
6. Ferienzeit 22
7. Graffiti 24
8. Der Fahrradausflug 29
9. Elfchen 31

Schon gewusst?

1. Das Pferd 34
2. William Shakespeare 39
3. Wenn ich in den Himmel sehe 42
4. Friedensreich Hundertwasser 45
5. Sabine und James Bond 49
6. Europagedicht 52
7. Herbstwind 56
8. Tierrätsel 59
9. Rätsel-Allerlei 60
10. Das menschliche Auge 62
11. Die Olympischen Spiele 65
12. Hexen und Hexenverfolgung 70

Spannendes und Nervenkitzel

1. Panik im Schrank 73
2. Dumm gelaufen 76
3. In der Sternenflotte 78
4. Hinter den Mülltonnen 81

Herz und Schmerz

1. Seit gestern 84
2. Die Neue 86
3. Zickenalarm 88
4. 16, 17 Jahre – Wünsche 90

Inhalt CD

Alle Arbeitsblätter im veränderbaren Word-Format

Zur Arbeitsgemeinschaft Leseförderung

Wir sind eine Arbeitsgemeinschaft von Lehrkräften, die seit vielen Jahren Schüler und Schülerinnen am Förderzentrum mit dem Förderschwerpunkt geistige Entwicklung unterrichten, aber auch in inklusiven Settings an allgemeinen Schulen tätig sind. Die Idee zum Buch „Lesen einfach cool!“ in Verbindung mit dem Arbeitsheft „Einfache und altersgemäße Lesetexte für Jugendliche“ entstand aus dem Mangel, dass es wenige bis gar keine Schulbücher gab, die den Lernbedürfnissen der Schüler und Schülerinnen mit Leseschwierigkeiten angepasst und im Unterricht verwendbar waren. Ist es beim Erwerb der Schriftsprache in den ersten Schuljahren noch möglich, sich im Deutschunterricht an Büchern der Grundschule oder an Fibeln zu orientieren, wird dies mit zunehmendem Alter der Schüler und Schülerinnen immer schwieriger, da sich deren Lesefähigkeiten nicht dementsprechend schnell entwickeln. Für Jugendliche im Mittelschulalter, die zwar den Leselernprozess abgeschlossen haben, deren Fähigkeiten beim sinnentnehmenden Lesen aber noch nicht ausreichen, um eine umfangreiche und altersgemäße Lektüre zu lesen, stehen überwiegend Texte für das Grundschulalter zur Verfügung. In der Regel erstellen Lehrkräfte daher benötigte Lesetexte sowie entsprechende Arbeitsmaterialien in einfacher Sprache selbst, um den individuellen Lernbedürfnissen und Interessen der jugendlichen Schüler und Schülerinnen mit Leseschwierigkeiten gerecht zu werden und das Lesen zu fördern.

Zur Zielgruppe und Zielsetzung dieses Bandes

Seit der ersten Auflage 2006 hat sich einiges getan und das Angebot an differenzierten Texten in einfacher Sprache hat merklich zugenommen. Die Neuauflage unseres Lesebuches bzw. des Arbeitsheftes einfacher und altersgemäßer Lesetexte soll die Lust am Lesen von Schülern und Schülerinnen mit Leseschwierigkeiten wecken, ob Förderschule, allgemeine Schule oder für diejenigen, die Deutsch als Zweitsprache lernen. Auf der beiliegenden CD befinden sich alle Texte und Arbeitsblätter auch noch einmal im veränderbaren Word-Format. Sie lassen sich so individuell anpassen.
Die Lesetexte beinhalten Themen, die für Jugendliche von Interesse sind. Sie bieten den Lesern und Leserinnen Möglichkeiten zur Identifikation mit dem Inhalt und motivieren zum (Weiter-)Lesen. Die Themenbereiche sind in folgende vier Kapitel gegliedert, die jeweils mit einem Piktogramm in der Kopfzeile gekennzeichnet sind:

Mitten im Leben

Schon gewusst?

Spannendes und Nervenkitzel

Herz und Schmerz

*Die Lesetexte sind in Bezug auf die folgenden **formalen Aspekte** einfach gehalten:*

- kurze und sinnvoll untergliederte Texte
- kurze Sätze, einfache Satzstruktur
- große Schrift und großer Zeilenabstand, klares Schriftbild
- kaum Worttrennungen am Zeilenende
- lesetechnisch einfach zu bewältigende Wörter bzw. Fremdwörter
- klare, realistische und altersgemäße Illustrationen

*Die Lesetexte sind in Bezug auf die folgenden **inhaltlichen Aspekte** einfach gehalten:*

- einfache Handlungsstränge
- Handlungsebenen werden nicht gewechselt
- wenige Protagonisten
- ergänzende Illustrationen, um Inhalte zu verdeutlichen
- einfacher Wortschatz, umgangssprachliche Redewendungen, jedoch nicht dialektgebunden
- Aussprachehilfen bzw. Erklärungen von Fremdwörtern in Form von „Zetteln“ (siehe Seite 6–7)

Anmerkung: Zusätzlich ist zu diesem Band ein **Taschenbuch** (Lesen – einfach cool!, ISBN 978-3-8344-3704-4) erhältlich. Dieses beinhaltet alle Texte in etwas längerer Form – eine Differenzierung für Schüler mit einer höheren Lesekompetenz ist so möglich.
Zudem haben auch Schüler und Schülerinnen mit Leseschwierigkeiten mit diesem Taschenbuch die Möglichkeit, ein eigenes Buch in der Hand zu haben, das sie selbst lesen können.

Zum Konzept und Einsatz der Kopiervorlagen

Die Texte sollen Lesefreude wecken und auch in der Freizeit zum Lesen anregen. Das Buch kann als Schulbuch im Unterricht, als Fördermaterial und auch in der Freizeit verwendet werden.
Die kurzen und einfachen Lesetexte weisen bewusst **unterschiedliche Schreibstile** auf. So werden den Lesern abwechslungsreiche Gattungen präsentiert, z. B. Geschichten, Sachtexte, Gedichte, Rätsel. Eine Kennzeichnung der Textsorte findet sich in der Kopfzeile der Kopiervorlagen.
Zu jedem Lesetext gibt es **vielseitige Arbeitsblätter als Kopiervorlagen**. Bei der Bearbeitung wird das sinnentnehmende Lesen ebenso gefördert wie die Schreibfähigkeiten der Schüler und Schülerinnen.
Möchte man aufgrund der Lese-Lernvoraussetzungen in einer Lerngruppe einen Lesetext in zwei differenzierten Fassungen anbieten, so bietet sich der Einsatz des Taschenbuches an. Dort gibt es jeden Text in einer etwas längeren Version (siehe Kasten auf Seite 4). Beide Texte lassen sich parallel verwenden, da der wesentliche Inhalt aus beiden Texten zu entnehmen ist. Das Leseerlebnis ist demnach vergleichbar. Die Arbeitsblätter eignen sich für beide Textversionen.
Als weitere Hilfestellung kann die Lehrkraft den Schülern und Schülerinnen die **„Zettel“** von Seite 6 und 7 zur Verfügung stellen. Dort finden sie Aussprachehilfen und Erklärungen von Fremdwörtern. Die Zettel können z. B. in einem Karteikasten aufbewahrt und bei Bedarf zu dem jeweiligen Text hinzugezogen werden.

Einige Anmerkungen zu einzelnen Seiten:

- Folgende Texte sind vom Wortlaut in diesem Band und im Taschenbuch identisch und werden lediglich in einer anderen Anordnung bzw. Form präsentiert: Europagedicht (S. 52), Herbstwind (S. 56), Seit gestern (S. 84).
- Zu den Texten „Tierrätsel“ (S. 59) und „Rätsel-Allerlei“ (S. 60) gibt es keine Arbeitsblätter. Eine mögliche Aufgabenstellung wäre aber z. B., die Rätsel mit dem entsprechenden Bild zu verbinden.
- Bei einigen Texten, z. B. „Das menschliche Auge“ (Aufgabe 6, S. 64) oder „Hexenverfolgung“ (Aufgabe 5, S. 71) wird zu weiteren Recherchen zum Thema aufgefordert. Dies ist bewusst so gestaltet: Auch Schüler und Schülerinnen mit geringen Lesekompetenzen sollten motiviert werden, im Internet zu recherchieren, Büchereien zu besuchen und sich weiter zu informieren, z. B. durch Verweise auf Bücher mit viel Bildmaterial oder Bildlexika.
- Auch bei den Aufgabenstellungen, bei denen es etwas zu beschriften gilt, sollten die Schüler und Schülerinnen gegebenenfalls mit zusätzlichem Buchmaterial versuchen, die richtigen Lösungen herauszufinden. Alternativ gibt es die Möglichkeit, die ausgefüllten Arbeitsblätter mit den unten abgebildeten Lösungen zu überarbeiten. Bei Bedarf können sie auch vergrößert kopiert und den Schülern und Schülerinnen zur Verfügung gestellt werden.
- Lösung: Das Pferd, Arbeitsblatt 1, Seite 36

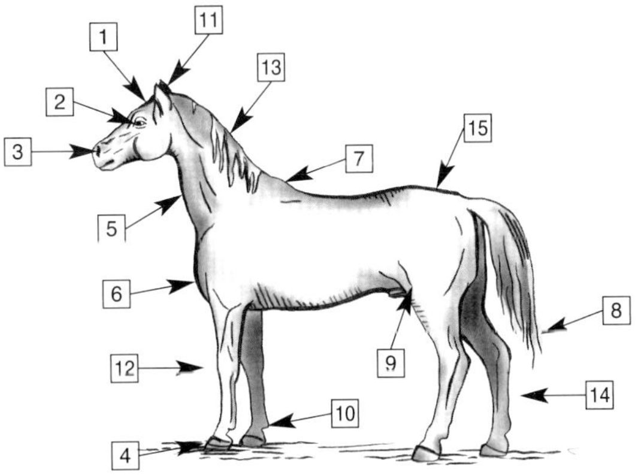

- Lösung: Das Pferd, Arbeitsblatt 2, Seite 37

- Lösung: Das Pferd, Arbeitsblatt 3, Seite 38

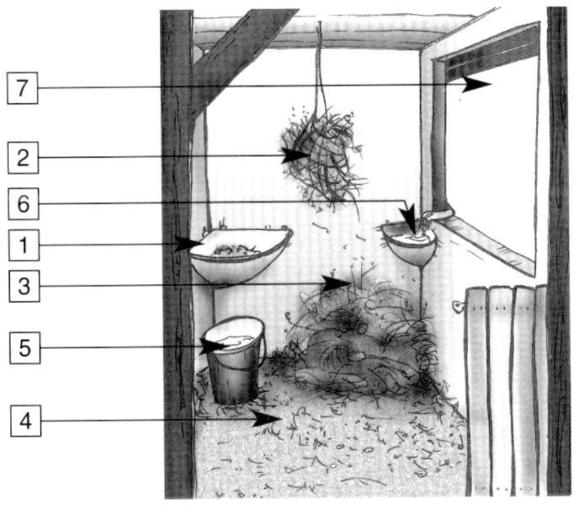

- Lösung: Das menschliche Auge, Arbeitsblatt 1, Aufgabe 1, Seite 63

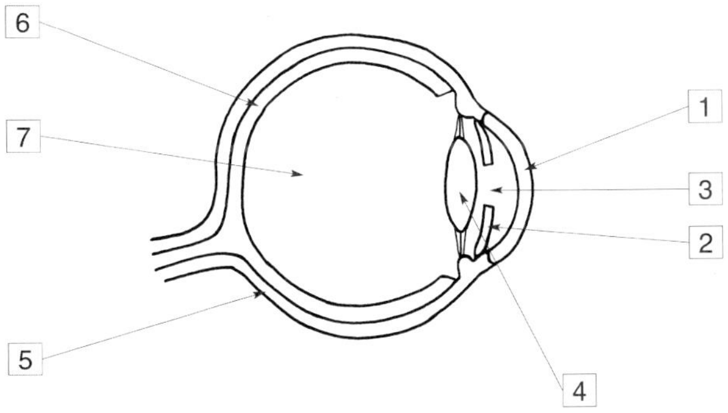

Zettel zu Aussprachehilfen bzw. Worterklärungen von Fremdwörtern

Nina trifft den Superstar

1.

- **backstage** *(sprich: bäckstäjdsch)*: hinter der Bühne.
- **Outfit** *(sprich: Autfit)*: (schicke, lässige) Kleidung
- **Fan** *(sprich: Fän)*: Jemand, der eine Person oder eine Gruppe besonders toll findet.

Der Schweine-Club

2.

- **Tierschutzbund:** Die Mitglieder des Tierschutzbundes kümmern sich um die Rechte von Tieren.

Alban spielt Klavier

3.

- **Billard** *(sprich: billjard)*: Ein Spiel mit Kugeln auf einem speziellen Tisch.
- **verstimmt:** klingt falsch
- **applaudieren:** in die Hände klatschen und „Bravo!“ rufen

Teamgeist

5.

- **Team** *(sprich: Tiem)*: Mannschaft, Arbeitsgruppe

Das Fußballturnier

4.

- **Team** *(sprich: Tiem)*: Mannschaft, Arbeitsgruppe
- **Fan** *(sprich: Fän)*: Jemand, der eine Person oder eine Gruppe besonders toll findet.

Das Fußballturnier

4.

- **Trikot** *(sprich: Triko)*: Kleidungsstück (Oberteil) von Sportlern, oft farbig und mit besonderem Aufdruck
- **Champion** *(sprich: Tschämpjen)*: Gewinner, Meister in einer Sportart

Graffiti

7.

- **cool** *(sprich: kuhl)*: lässig

William Shakespeare

2.

- **Oscar:** amerikanischer Preis für gute Filme

Europagedicht

- **EU:** Abkürzung für *Europäische Union*, das ist ein Staatenverbund von mehr als 20 Staaten.

Die Olympischen Spiele

- **Kontinent:** Erdteil
- **Medaille** *(sprich: Medalje)*: Gedenkmünze ohne Geldwert
- **Eid:** Versprechen
- **fair** *(sprich: fär)*: gerecht, kameradschaftlich

Hexen und Hexenverfolgung

- **Pakt:** Vertrag
- **Schadenszauber:** Ein Zauber, der zu schlechtem Wetter, Krankheiten von Tieren und Menschen oder schlechter Ernte führt.

Hexen und Hexenverfolgung

- **Halloween** *(sprich: Hälluwien)*: Das Fest stammt aus England und Amerika. Am 31. 10. jedes Jahres feiert man es zum Winteranfang mit vielen Bräuchen, z. B. gruseligen Verkleidungen. Früher wollte man damit böse Geister vertreiben.

In der Sternenflotte

- **Crew** *(sprich: kruh)*: Mannschaft auf einem Schiff oder Flugzeug
- **Scanner** *(sprich: Skänner)*: Gerät, das unter anderem Bilder mit einem Lichtstrahl abtastet. Das Bild erscheint dann im Computer.

16, 17 Jahre – Wünsche

- **cool** *(sprich: kuhl)*: lässig
- **Clique** *(sprich: klike)*: Gruppe von Freunden

Nina trifft den Superstar

Nina liebt Popmusik.
Sie liegt gerne in ihrem Zimmer und hört Musik.
Dabei träumt sie: Sie liegt mit Nick von den *Superstars* unter Palmen.
Oder … sie ist auf einem Konzert.

Ihre Mutter schimpft: *„Mach deine Hausaufgaben!“*
Ihr Vater mault: *„Räum deine Sachen auf!“*
Ihr Bruder grinst: *„So eine blöde Musik! Babykram!“*
Aber Nina träumt weiter.

Manchmal hört sie auch Radio.
Eines Tages verlost Radio 7 einige Karten für das *Superstars*-Konzert!
Schnell ruft Nina an.
Im Telefon klingelt es: Tuuut … – Knack. *„Hier Radio 7! Mit wem spreche ich?“*
Nina kann vor Aufregung kaum ihren Namen sagen.
Aber dann klappt es doch.
Sie muss nur noch ihre Adresse angeben.

Danach ruft sie ihren Freund Rolf an. *„Stell dir vor, ich habe zwei Karten für das Konzert der* Superstars *gewonnen! Kommst du mit?“*
Rolf freut sich: *„Klar!“*

Endlich ist es Samstag.
Viele Fans drängen in das Konzert.
Dann beginnt auf der Bühne eine unglaubliche Show.
Nina singt bei allen Liedern mit.
Beim letzten Song zünden alle Fans Feuerzeuge an.

Nach dem Konzert geht sie backstage zu Nick.
Er sieht super aus und ist total nett. Er gibt ihr sogar ein Küsschen.
Schließlich schießt der Fotograf von *Bravo* noch ein Foto.

Später gehen Nina und Rolf Hand in Hand nach Hause.
Nina seufzt: *„Das war der schönste Abend meines Lebens!“*

Dorli Beez

Name ______________________ Datum ______________

Nina trifft den Superstar – Aufgaben zum Text

1. Welche Musik mag Nina?

- ☐ Volksmusik
- ☐ Rockmusik
- ☐ Popmusik
- ☐ Technomusik

2. Was macht Nina am liebsten nach der Schule?

____

3. Die Musikgruppe, die Nina toll findet, heißt …

____

4. Welcher Satz stimmt?

- ☐ Ninas Vater findet es gut, dass Nina viel Musik hört.
- ☐ Ninas Eltern wollen, dass Nina ein Superstar wird.
- ☐ Ninas Mutter will, dass Nina Hausaufgaben macht.

5. Nina hört Radio. Als sie beim Sender anruft, ist sie …

- ☐ … genervt.
- ☐ … aufgeregt.
- ☐ … ängstlich.

6. Was bedeutet *backstage*?

- ☐ vor der Bühne
- ☐ auf der Bühne
- ☐ hinter der Bühne

Name ______________________ Datum ______________

Nina trifft den Superstar – Aufgaben zum Text

7. Wen nimmt Nina zum Konzert mit?

____

8. Was zünden die Fans beim Konzert an?

☐ Feuerzeuge ☐ Wunderkerzen

9. Was passiert hinter der Bühne?

☐ Rolf ist total nett und gibt Nina ein Küsschen.
☐ Nick ist total nett und gibt Nina ein Küsschen.

10. Die Bravo ist eine Zeitschrift für …

☐ … Frauen. ☐ … Kinder. ☐ … Jugendliche.

11. Was sagt Nina auf dem Weg nach Hause zu Rolf?

____

12. Was bedeuten diese englischen Wörter? Verbinde die Kreise.

Outfit ○	○ Jemand, der eine Person besonders toll findet.
Fan ○	○ lässig, toll
cool ○	○ hinter der Bühne
backstage ○	○ Kleidung

Name ______________________ Datum ______________

Der Schweine-Club

Lisa besucht mit ihrer Schulklasse einen Bauernhof.
Sie sehen viele Tiere:
Schweine, Hühner, Pferde und Kühe.
Lisa findet die kleinen Schweine so süß.

Am Abend erzählt sie zu Hause vom Bauernhof.
Es gibt Schweineschnitzel.
Lisa mag kein Schnitzel essen.
Sie denkt an die kleinen Schweine.

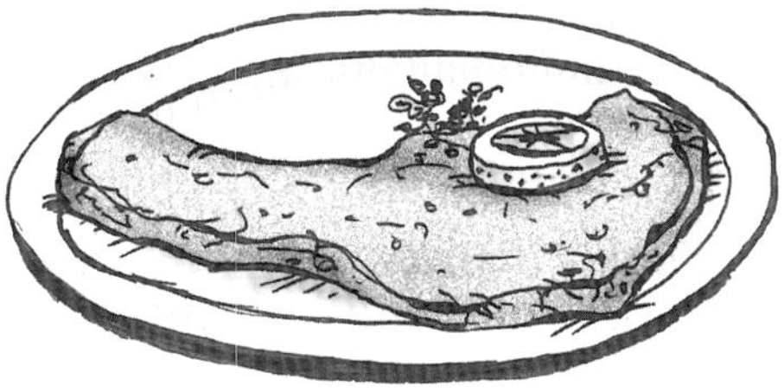

Am nächsten Tag redet sie mit ihren Freunden.
Sie wollen kein Fleisch mehr essen.
Tiere sollen nicht für sie sterben.
Sie überlegen:
Sie werden einen Club gründen,
den Schweine-Club.

Sie erzählen anderen Jugendlichen und auch Erwachsenen vom Schweine-Club.

Nach einer Woche treffen sie sich wieder.
Der Schweine-Club hat jetzt schon zehn Mitglieder.

Sie treffen sich einmal im Monat.
- Sie schreiben Briefe an die Zeitung.
- Sie hängen Poster auf.
- Sie besuchen Bauernhöfe.
- …

Dagmar Titera

Name ______ Datum ______

Der Schweine-Club – Aufgaben zum Text

1. Welche Tiere gibt es auf einem Bauernhof? Umkreise sie.

Kuh	Schwein	Gans	Ente	Huhn	Regenwurm
Krokodil	Elefant	Schlange	Pferd	Zebra	Löwe

2. Welche Wörter sind richtig geschrieben? Umkreise sie.

1.	Kuh	Ku	Cuh	ku	kuh
2.	Gants	Kans	Ganz	gans	Gans
3.	Kroodil	Grogodiel	Krokodil	krokodiel	
4.	Hun	hühn	Huhn	Kuhn	

3. Warum gründen die Jugendlichen einen Club?

- ☐ Schweine sollen ein besseres Leben haben als bisher.
- ☐ Menschen sollen mehr Schweine essen.
- ☐ Die Mitglieder werden sich für die Rechte der Tiere einsetzen.
- ☐ Sie wollen Geld verdienen.

4. Leute, die kein Fleisch essen, nennt man „Vegetarier“.
Wovon ernähren sie sich?

____

____

5. Wenn Nutztiere so gehalten werden, dass es ihnen gut geht, nennt man das „artgerechte Tierhaltung“. Was ist bei den verschiedenen Tieren dafür wichtig?
Unterhalte dich mit einem Partner darüber.

Name ______________________ Datum ______________________

Alban spielt Klavier

Es ist Donnerstag. In der Schule ist große Pause.
Einige Schüler spielen Kicker oder Billard.
Frau Meier hat Aufsicht.

In der Pausenhalle steht auch ein altes Klavier.
Alban klimpert ein bisschen darauf.
Auch andere Jugendliche spielen darauf,
aber die meisten wollen nur Krach machen.

Frau Meier fragt: *„Alban, möchtest du etwas lernen?“* Alban nickt.
Frau Meier zeigt Alban ein Lied. Er muss nur auf den schwarzen Tasten spielen. Es sieht ganz einfach aus, aber es ist ganz schön schwer!

Alban übt in jeder Pause.
Er kann das Lied schon ganz gut.

Am nächsten Donnerstag spielt Frau Meier mit Alban zusammen. Es klappt nicht sofort, aber sic versuchen es immer wieder. Es hört sich gut an.

Robert ist Albans Freund.
Robert spielt auf der Tischharfe.
Die Freunde üben zusammen ein Lied.
Bei der nächsten Feier in der Schule spielen sie zusammen vor.
Alle klatschen.
Alban und Robert sind sehr stolz. Sie wollen bald ein neues Lied lernen.

Dagmar Titera

Name

Datum

Alban spielt Klavier – Aufgaben zum Text

1. Die Tasten eines Klaviers sehen so aus:

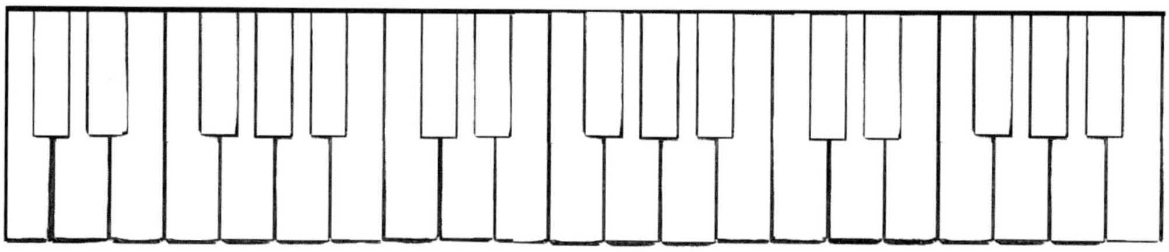

Male die schwarzen Tasten aus.

Wenn du genau hinschaust, kannst du ein Muster entdecken:
Es gibt abwechselnd 2 schwarze Tasten und 3 schwarze Tasten nacheinander.
Die weiße Taste links von den 2 schwarzen Tasten nennt man „C“.
Kennst du noch weitere Notennamen?

____

2. Was machst du in deiner Pause? Was würdest du gerne machen?
Unterhalte dich mit einem Partner darüber.

3. Wie lernt Alban das Klavierspielen?

☐ alleine
☐ mit Frau Meier
☐ mit anderen Kindern
☐ mit Robert
☐ mit seiner Schwester

4. Was musst du noch fleißig üben? Schreibe auf.

____

____

5. Bist du alleine oder mit der Klasse schon mal aufgetreten?
Unterhalte dich mit einem Partner darüber.

Name ______________________________ Datum ______________

Das Fußballturnier

Jedes Jahr findet in Derbach das große Fußballturnier statt. Es nehmen Mannschaften von zwölf Schulen teil. Die Spieler und viele Zuschauer freuen sich auf dieses Ereignis. Man trifft viele alte Freunde und frühere Lehrer.

Stolz tragen alle Teams ihre Trikots. In den letzten Jahren haben immer die Schulen aus Roßberg oder Neutal das Turnier gewonnen.
Alle Mannschaften sind fit und wollen gewinnen.
Die ersten Begegnungen sind spannend.
Eine Überraschung ist die Mannschaft aus Burgdorf.
Die kleinen Spieler sind flink und gut am Ball. Doch noch fehlt der jungen Mannschaft die Kraft. So werden die großen Roßberger wieder Sieger in ihrer Gruppe und kommen ins Endspiel.

In der anderen Spielgruppe gibt es die Überraschung! Die Mühlinger können in der letzten Minute das Siegtor gegen Neutal erzielen.
Es ist ein spannendes Endspiel. Kurz vor Schluss steht es zwischen den Teams aus Roßberg und Mühling 2 : 2. Da verletzt sich ein Mühlinger Spieler. Diese Schwäche nutzen die Roßberger zum 3 : 2-Siegestreffer.

Bei der Siegerehrung bekommt jede Mannschaft einen Ball und eine Urkunde. Die Roßberger dürfen den Pokal mit nach Hause nehmen.
Es war wieder ein schönes und faires Turnier.

Henning Siemens

Name ______________________ Datum ______________________

Das Fußballturnier – Aufgaben zum Text

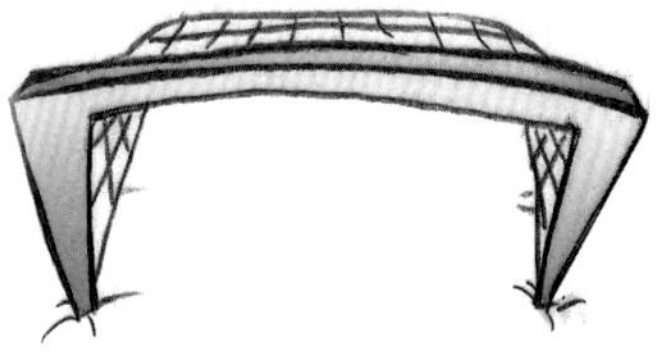

1. Wo findet das Turnier statt?

____

2. Wie viele Mannschaften nehmen teil?

____

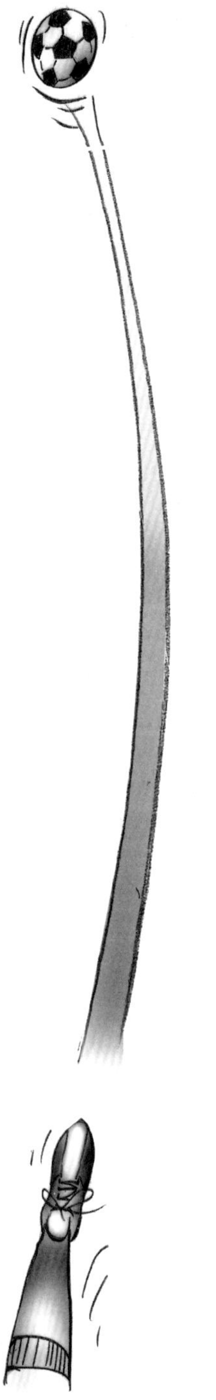

3. Bei dem Turnier haben zwei Mannschaften schon oft gewonnen.
Woher kommen diese Teams?

____

____

4. Welche Mannschaft kommt überraschend ins Endspiel?

____

5. Welche Mannschaften kommen noch ins Endspiel?

____

6. Welche Mannschaft wird Sieger?

____

7. Wodurch gewinnt die Siegermannschaft?

____

Name ______________________ Datum ______________________

Das Fußballturnier – Aufgaben zum Text

8. Diese Situation hat das Endspiel entschieden.
Wie findest du das?

- ☐ sportlich fair
- ☐ ja, so ist eben der Sport
- ☐ es hätte eine Spielunterbrechung geben müssen

9. Welche Preise gibt es?

____

____

Fragen für Fußballprofis

1. Eine Fußballmannschaft besteht aus mehreren Spielern.
Wie heißen die Positionen?

____

____

____

2. Hast du schon in einer Mannschaft gespielt?
Welche Position hattest du?

____

3. Welche Position möchtest du gerne spielen?

____

Name ______________________ Datum ______________________

Teamgeist

Der Streit

Robert läuft alleine durch die Straßen von Rotkirch. Sonst hat er um diese Zeit Basketballtraining. Seine Freunde sind alle dort.
Basketballspielen bedeutet Robert alles! Am letzten Donnerstag gab es beim Training einen Streit!
„An allem ist Max schuld“, brummt Robert. Sie übten gerade den Angriff: Max tippte den Ball, Robert wollte, dass Max zu ihm abgibt, doch Max warf zum Korb und traf. Max hatte nicht abgegeben! Sonst forderte ihr Trainer Herr Koller immer wieder, dass Robert abgeben soll, und nun? Wütend wollte Robert, dass Max ausgewechselt wird. Die Mitspieler fanden Roberts Verhalten übertrieben. Herr Koller versuchte, Robert zu beruhigen. Doch der schrie herum und rannte beleidigt aus der Halle: *„Ohne mich gewinnt ihr die Meisterschaft nie!“*

Im Schmollwinkel

Auch eine Woche später hat sich Robert noch nicht beruhigt. Am nächsten Samstag finden die Spiele gegen Großberg und Krambach statt.
„Die werden mich schon noch fragen, ob ich mitspiele“, macht sich Robert Mut. Am nächsten Tag will Robert wissen, wie das Training war. *„Wir spielen schnell ab, damit immer einer von uns frei steht“*, erzählt Andi. Robert wird unruhig. *„Brauchen die mich jetzt gar nicht mehr?“* Die anderen berichten: *„Das Team spielt jetzt schneller und besser zusammen.“* Das ist zu viel für Robert. Er ergreift die Flucht.

Der Spieltag

Es ist Samstag. Viele Zuschauer sind in der Sporthalle. Herr Koller ruft die Mannschaft zusammen: *„Spielt den Ball schnell ab. Dann werden wir gewinnen.“*
Zuerst spielt Rotkirch gegen Großberg. Die beiden Mannschaften begrüßen sich mit ihren Schlachtrufen. Die Zuschauer feuern ihre Mannschaften an.
Robert hat sich in die hinterste Ecke der Tribüne gesetzt. Er hofft, dass ihn niemand entdeckt.

Das erste Spiel

Die Spieler nehmen ihre Positionen ein. Großberg geht sofort in Führung.
In der Pause sagt Herr Koller zu seinen Spielern: *„Die Großberger spielen langsam. Ihr müsst schnell abgeben. So können wir auch gewinnen.“*
Robert grinst: *„Ich habe es doch gewusst. Ohne mich gewinnen die nie!“*

Name ______ Datum ______

Ein Team spielt zusammen

Im zweiten Viertel spielt Rotkirch besser. Am Ende haben sie aufgeholt. Es steht 20 : 20. Robert staunt. Jetzt kämpft jeder. Das Team spielt prima zusammen. Rotkirch gewinnt 48 : 44. Die Spieler fallen sich um den Hals.

Einer ist draußen

Nach dem Spiel mahnt Herr Koller: *„Das Spiel gegen Krambach wird schwer."* Robert denkt nach: *„Bisher war ich der Star im Team. Doch heute gab es keinen Star. Jetzt brauchen sie mich nicht mehr!"* Er ist enttäuscht und einsam.

Das Spiel gegen Krambach

„Gegen Krambach habt ihr nur als Team eine Chance", sagt Herr Koller. Krambach gegen Rotkirch – ein Spitzenspiel! Die Fans und Spieler warten gespannt auf den Anpfiff. Robert sitzt wieder alleine auf seinem Platz. Traurig verfolgt er das spannende Spiel.

Nichts für schwache Nerven

Es gibt viele Fehlwürfe und Fouls. Einige Spieler müssen ausscheiden. Die Trainer versuchen, ihre Spieler zu beruhigen. Die Rotkircher laufen wie aufgescheuchte Hühner über das Spielfeld.

Eine wichtige Erfahrung

Robert schwitzt. Die Auswechselspieler treffen oft. Robert ist sprachlos. Mit denen wollte er im Training nie zusammenspielen. Am Ende feiert Rotkirch einen 62 : 54-Erfolg. Robert fühlt sich als Verlierer. Herr Koller spricht ihn an: *„Schön, dass du zugesehen hast. Hat dir deine Mannschaft gefallen?"* Unsicher antwortet Robert: *„Ja, schon."*

Der 10. Spieler

Jetzt kommen die Spieler der Mannschaft. *„Na, was sagst du?"*, fragen ihn die Jungs. Robert würde am liebsten aus der Halle rennen. Herr Koller redet weiter: *„Du hast gesehen, wie gut man als Team spielen kann."*
„Die Auswechselspieler waren toll", antwortet Robert.
„Für uns ist jeder Spieler wichtig, auch du. Wir brauchen dich als 10. Spieler", fährt Herr Koller fort.
Max schubst ihn an und sagt: *„Ich fände es prima, wenn du wieder mitmachen würdest." „Und ihr seid mir nicht mehr böse?"*, fragt Robert, aber alle klopfen ihm auf die Schulter.

Henning Siemens

Name ______________________ Datum ______________________

Teamgeist – Aufgaben zum Text

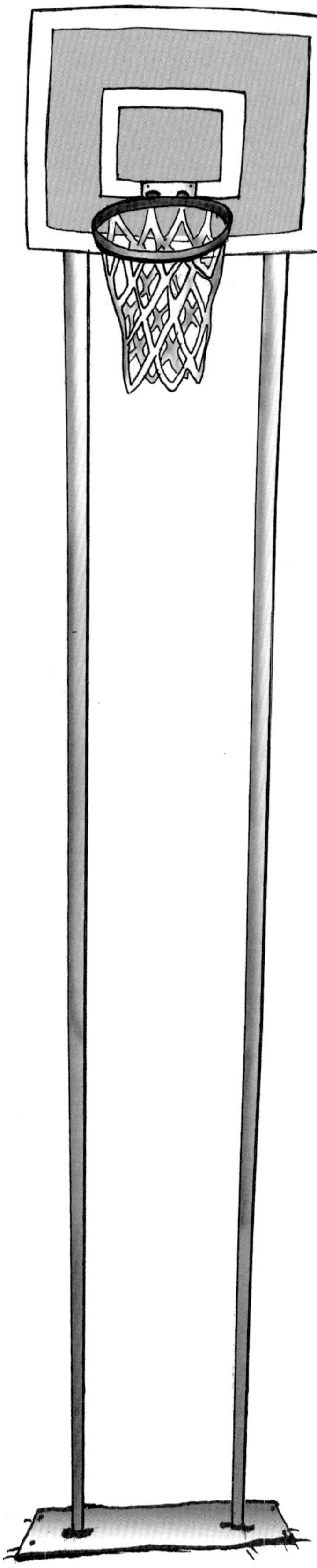

1. Welche Sportart spielt Robert?

____

2. Mit wem hat Robert Streit?

____

Im Schmollwinkel

3. Wie fühlt sich Robert?

____

4. Wie spielt das Team im Training?

____

Der Spieltag

5. Wie heißt der erste Gegner von Rotkirch?

____

Das erste Spiel

6. Was sagt Herr Koller seiner Mannschaft?

____

____

Name ______________________ Datum ______________

Teamgeist – Aufgaben zum Text

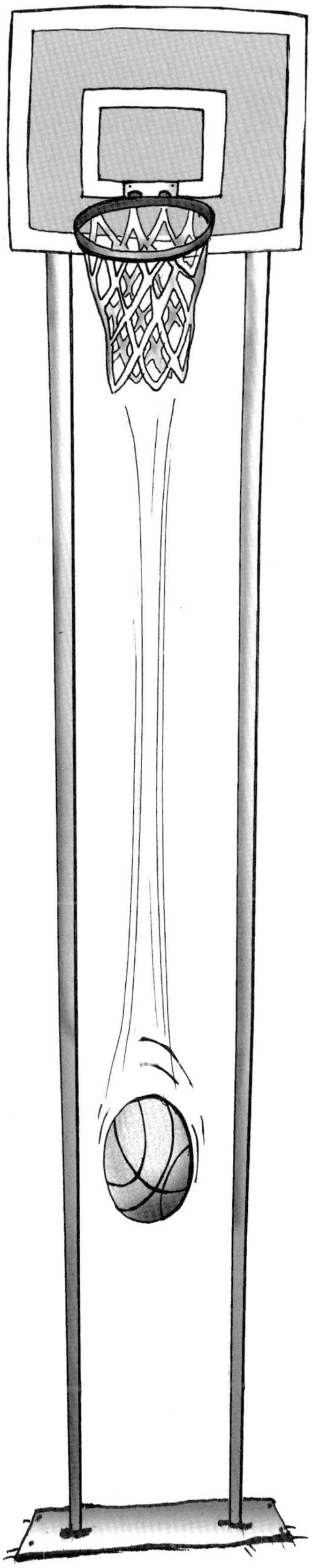

Ein Team spielt zusammen

7. Wie geht das erste Spiel aus?

Einer ist draußen

8. Wer fühlt sich einsam?

Nichts für schwache Nerven

9. Warum scheiden einige Spieler aus?

Eine wichtige Erfahrung

10. Wie geht das Spiel aus?

Der 10. Spieler

11. Was sagt Herr Koller zu Robert?

12. Was meinst du? Wie wird Robert ab jetzt spielen?

Name

Datum

Ferienzeit

Hallo, Leute, lasst euch sagen, schon in ein paar Tagen
sind Ferien und die Urlaubszeit kommt nun.
Hallo, lasst uns überlegen, was wir unternehmen.
Was möchten wir in diesen Tagen tun?

Vielleicht ein schöner Stadtrundgang,
bei dem man vieles sehen kann.
Einen hohen Aussichtsturm –
den erobern wir im Sturm.
Bei Sonnenschein ins Freibad gehn
oder ein altes Schloss ansehn.
Ob wandern, radeln, Sport und Spiel,
zu erleben gibt es viel.

Hallo, Leute, lasst euch sagen, schon in ein paar Tagen
sind Ferien und die Urlaubszeit kommt nun.
Hallo, lasst uns jetzt beginnen, keine Zeit verrinnen,
schließlich ist noch einiges zu tun!

(zu singen in Anlehnung an die Melodie des Can Can)
Annett Cremer

Name ____________________ Datum ____________________

Ferienzeit – Aufgaben zum Text

1. Welche Wörter reimen sich? Unterstreiche sie.

Hallo, Leute, lasst euch <u>sagen</u>, schon in ein paar <u>Tagen</u>
sind Ferien und die Urlaubszeit kommt nun.
Hallo, lasst uns überlegen, was wir unternehmen.
Was möchten wir in diesen Tagen tun?

Vielleicht ein schöner Stadtrundgang,
bei dem man vieles sehen kann.
Einen hohen Aussichtsturm –
den erobern wir im Sturm.
Bei Sonnenschein ins Freibad gehn
oder ein altes Schloss ansehn.
Ob wandern, radeln, Sport und Spiel,
zu erleben gibt es viel.

Hallo, Leute, lasst euch sagen, schon in ein paar Tagen
sind Ferien und die Urlaubszeit kommt nun.
Hallo, lasst uns jetzt beginnen, keine Zeit verrinnen,
schließlich ist noch einiges zu tun!

2. Schreibe einige Reimpaare auf.

sagen – Tagen
______ – ______
______ – ______
______ – ______
______ – ______

Name ______ Datum ______

Graffiti

Im Briefkasten liegt ein Zettel, auf dem steht „Für Andi“:

> Heute Treffpunkt um 23 Uhr an der alten Fabrik mit Alex und Mona.
>
> Zieh dich dunkel an, denk an die Handschuhe und Kapuze.
>
> Man darf uns auf keinen Fall sehen!

Nun ist es also so weit. Aber warum habe ich Alex und Mona nur gesagt, dass ich mitmache? Warum nur? Ich weiß es nicht mehr! Und wenn wir erwischt werden?
Du darfst das nicht machen, hämmert es in meinem Kopf.
Ich habe riesige Angst!

Um 22.30 Uhr packe ich meine Spraydosen in den Rucksack.
Wieder bekomme ich Angst.
Sollte ich doch lieber nicht … nein, jetzt ist es zu spät!

Ich hole mein Fahrrad und fahre los. Ich fahre sehr schnell.
Nun ist es nicht mehr weit.

Alex und Mona warten schon. Wir rennen gebückt auf eine hohe Mauer zu.
Ich habe Angst! Könnte ich nur weg hier!

Alex und Mona beginnen schon zu sprühen.
„Na los“, rufen sie mir zu. Die Mauer ist riesig.
Ich fange an zu sprayen und habe fast keine Angst mehr. Was soll schon passieren?

Plötzlich werden Lampen auf uns gerichtet.
Ich komme mir vor wie in einem Albtraum!
Die Polizei hat uns erwischt.
Ich werde am Anorak gepackt,
der Streifenwagen wartet schon …

Thomas Reißer

Name ______ Datum ______

Graffiti – Weitere Informationen zum Text

Thema: Strafen

1. Das wird mit einem Sprüher gemacht, der von der Polizei erwischt wird:

- Die Polizei nimmt ihn mit.
- Die Spraydosen werden als Beweis einbehalten.
- Die Personalien werden aufgenommen (Adresse, Telefon, Geburtsdatum …).
- Man wird fotografiert, gemessen und ein Fingerabdruck wird genommen.
- Es wird Anzeige erstattet.
- Die Polizei liefert den Sprüher bei den Eltern ab.

2. Nach 4 bis 6 Wochen erfährt der Sprüher, ob ein Strafverfahren eingeleitet wird. Welche Strafen gibt es?

Strafen, die nach dem *Strafrecht* verhängt werden können:

- Gefängnisstrafe bis zu 2 Jahren
- Geldstrafe
- Arbeitsdienst: Zum Beispiel ein Wochenende lang Grünanlagen pflegen oder 40 Stunden Arbeit für die Gemeinde oder Stadt.

Strafen, die nach dem *Zivilrecht* verhängt werden können:

- Der Besitzer der Mauer kann Schadensersatz verlangen. Dabei wird auch das Taschengeld angerechnet. Falls der Sprüher noch kein Geld verdient, muss er die Schulden später abbezahlen. Die Schulden müssen bis zu 30 Jahre nach der Tat bezahlt werden.

Name ______________________ Datum ______________________

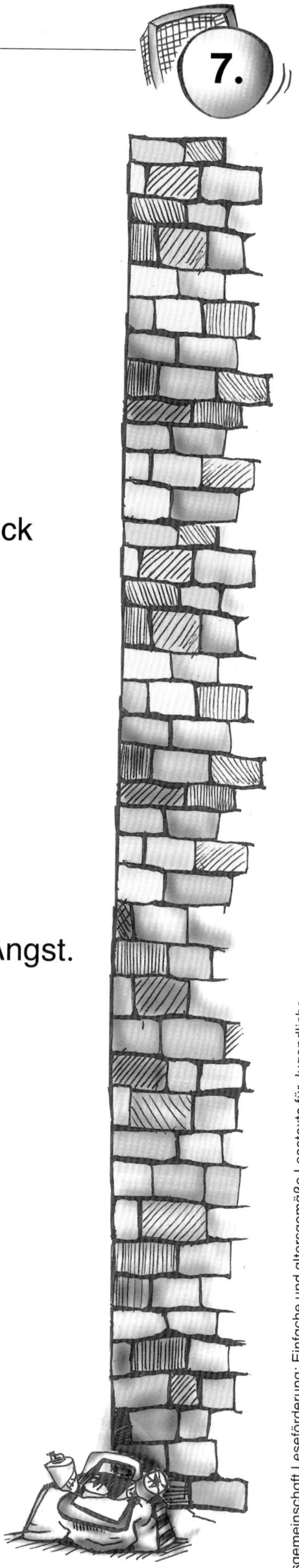

Graffiti – Aufgaben zum Text

1. Mit wem trifft sich Andi?

☐ Moni ☐ Alfred ☐ Mona
☐ Alexa ☐ Sven ☐ Alex

2. Was nimmt Andi mit?

☐ Handschuhe ☐ Tasche ☐ Rucksack
☐ Taschenlampe ☐ Spraydosen ☐ Pinsel

3. Wie kommt Andi zur Fabrik?

☐ zu Fuß ☐ mit dem Skateboard
☐ mit Inlineskates ☐ mit dem Fahrrad

4. Wie geht es Andi?

☐ Es geht ihm gut. ☐ Er freut sich. ☐ Er hat Angst.

5. Was macht Andi?

☐ Er kommt nicht zum Treffpunkt.
☐ Er sprayt nicht.
☐ Er läuft davon.
☐ Er sprüht mit den Farben.

6. Was passiert am Ende der Geschichte?

☐ Die große Wand ist nach zwei Stunden besprüht.
☐ Andi fährt zufrieden nach Hause.
☐ Die Polizei erwischt Andi, Mona und Alex.

Name ____________________ Datum ____________________

Graffiti – Aufgaben zum Text

1. Überlege und unterhalte dich mit einem Partner:

- Hattest du schon einmal Angst?
- Was fühlst du, wenn du Angst hast?
- Was hättest du getan?
- Kennst du Jugendliche, die gefährliche und verbotene Dinge tun?
- Kennst du Dinge, die verboten sind?

2. Welche Aussage vom Polizisten stimmt?
Welche Aussage vom Sprayer stimmt?
Kreuze die richtigen Kästen an.

Name ____________________ Datum ____________________

7.

Graffiti – Aufgaben zum Text

Hier stimmt etwas nicht! Welche Wörter wurden ausgetauscht? Unterstreiche sie.

Zieh dich hell an, denk an Rollschuhe und Taschentücher.

Um 22.30 Uhr packe ich meine Äpfel in den Koffer.

Alex und Sven rufen schon.

Ich werde am Fuß gepackt, der Zug fährt schon …

Name

Datum

Der Fahrradausflug

Die vier Freunde Nina, Karin, Alex und Bert treffen sich zum Ausflug an den Brombachsee. Dort wollen sie auf dem Campingplatz Aue direkt am See zelten.

Ihr Treffpunkt ist der Hafen. Der erste Teil ihrer Strecke führt am Kanal entlang bis nach Neudorf.
Nach einer Pause verlassen sie den Kanal und biegen nach links ab, in Richtung Altenberge. Nachdem sie Altenberge hinter sich gelassen haben, folgen sie einfach der Bahnlinie.

Auf dem weiteren Weg geht es bergauf und bergab. Alle sind stolz, als sie oben ankommen. Dort machen sie eine kleine Pause und genießen den herrlichen Ausblick.

Die Räder rollen fast von allein den letzten Hügel zum See hinunter. Endlich kommen die Radler am Campingplatz an. Sie springen sofort in den Brombachsee. Die Freunde genießen diesen Badetag, an die Rückfahrt denkt noch keiner.

Henning Siemens

Name ________________________ Datum ____________

Der Fahrradausflug – Aufgaben zum Text

1. Suche den Hafen auf dieser Karte. Schreibe das Wort „Start“ darüber.

2. Zeichne die Fahrstrecke der 4 Freunde ein.

3. Woran erkennst du, dass es Steigungen gibt?

4. Kreuze die Stelle an, an der die Freunde die 2. Pause gemacht haben.

5. Findest du den Campingplatz auf der Karte?
   Schreibe das Wort „Ziel“ darüber.

6. Allgemeine Fragen:

   1. Welches Gepäck müssen die 4 Freunde mitnehmen?
   2. Hast du schon einen Fahrradausflug gemacht?
      Unterhalte dich mit einem Partner darüber.
   3. Plane einen Fahrradausflug für dich und deine Freunde.

Name ______________________ Datum ______________________

Elfchen

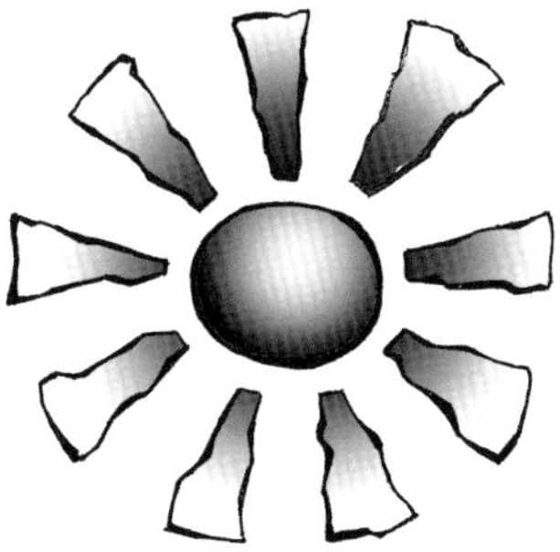

Warm
Die Sonne
Ich genieße sie
Sie tut mir gut
Herrlich

Gelb
Die Sonne
Sie ist warm
Ich denke an Urlaub
Schön!

Süß
Die Beere
Sie schmeckt saftig
Ich verschlinge sie hastig
Hmmm!

Schwarz
Der Raum
Ich fürchte mich
Wer kommt zu mir?
Hilfe!

Knack
Dunkle Schokolade
In silbrigem Papier
Sie zerläuft im Mund
Lecker

Dorli Beez

Name ____________________ Datum ____________

Elfchen – Eine Anleitung

Auch du kannst ein richtiger Dichter oder eine Dichterin werden. Elfchen sind Gedichte in vorgegebener Form. Sie haben immer 5 Verse (Zeilen) mit genau 11 Wörtern in immer gleicher Reihenfolge:

1. Zeile = 1 Wort	Gelb
2. Zeile = 2 Wörter	Die Sonne
3. Zeile = 3 Wörter	Sie ist warm
4. Zeile = 4 Wörter	Ich denke an Urlaub
5. Zeile = 1 Wort	Schön!

Und so geht es:

1. Stelle dir zuerst einen Gegenstand, eine Landschaft, ein Tier oder eine Person genau vor. Schließe vielleicht dazu deine Augen. Was siehst, fühlst oder hörst du zuerst? Dies ist das erste Wort für die **1. Zeile** (Beispiel: *Gelb*).

___

2. In der **2. Zeile** benennst du „es" mit 2 Wörtern (Beispiel: *Die Sonne*).

___

3. In der **3. Zeile** kann etwas passieren. Mit 3 Wörtern kann ein kurzer Satz entstehen (Beispiel: *Sie ist warm*).

___

4. In der **4. Zeile** darfst du 4 Wörter verwenden, um dies etwas genauer zu erklären. Vielleicht sagst du auch, was „es" für dich persönlich bedeutet (Beispiel: *Ich denke an Urlaub*).

___

5. In der **5. Zeile** bringst du dein Gefühl mit einem einzigen Wort auf den Punkt (Beispiel: *Schön*).

___

Name ______________________ Datum ______________________

Elfchen – Eine Anleitung

Hier sind ein paar Themenvorschläge. Schreibe selbst Elfchen.

1 ______
2 ______ ______
3 ______ ______ ______
4 ______ ______ ______ ______
5 ______

1 ______
2 ______ ______
3 ______ ______ ______
4 ______ ______ ______ ______
5 ______

1 ______
2 ______ ______
3 ______ ______ ______
4 ______ ______ ______ ______
5 ______

Name ______ Datum ______

1.

Das Pferd

Seit 60 Millionen Jahren gibt es Pferde. Ein Pferd wird bis zu 40 Jahre alt. Man kann das Alter an den Zähnen erkennen.

Das Pferd hat verschiedene Körperteile. Es hat 250 Knochen und 500 Muskeln. Größe und Gewicht sind sehr unterschiedlich.

Pferde sind Huftiere. Die Hufe müssen viel aushalten. Sie tragen den schweren Körper. Mit seinen schlanken Beinen kann das Pferd sehr schnell laufen.

Name

Datum

Augen und Sehen

Die Augen stehen weit auseinander. Das Pferd kann damit nahezu rundherum sehen.

Ohren und Hören

Pferde hören viel besser als Menschen. Gefühle und Launen kannst du an den Ohren des Pferdes erkennen.

Nüstern und Geruch

Die Nasenlöcher des Pferdes heißen Nüstern. Pferde riechen gut und viel.

Maul und Geschmack

Pferde fressen nur Pflanzen und keinen Zucker.

Berührung

Pferde mögen Streicheln und Schmusen. Sie fühlen Schmerzen sehr stark.

Verhalten und Verständigung

Pferde fühlen sich am wohlsten, wenn sie nicht alleine sind.
Pferde sind friedliche Tiere und sollten gut behandelt werden.

Haltung

Pferde stehen in Boxen und brauchen auch viel Bewegung im Freien.

Pferdepflege

Das Pferd wird gebürstet.
Dadurch bleibt es gesund.
Durch die tägliche Pflege entsteht eine Freundschaft zum Menschen.

Hufpflege

Man muss die Hufe sauber machen und einfetten. Der Schmied schneidet alle acht Wochen die Hufe nach.

Angela Schmidtkunz

Name ______________________ Datum ______________________

Das Pferd – Weitere Informationen zum Text

Thema: Körperbau

Kannst du die Körperteile benennen?
Schreibe die richtigen Nummern unten in die Kästen.

1 Schopf	2 Auge	3 Nüstern	4 Huf	5 Hals
6 Brust	7 Widerrist	8 Schweif	9 Knie	10 Fessel
11 Ohr	12 Vorderhand	13 Mähne	14 Hinterhand	15 Kruppe

Name ______________________ Datum ______________

1.

Das Pferd – Weitere Informationen zum Text

Thema: Verhalten

Kannst du das Verhalten der Pferde benennen?
Schreibe den passenden Ausdruck auf die Linie.

interessiert	drohend	ängstlich	erregt

______________________ ______________________

______________________ ______________________

Name ______________________ Datum ______________

1.

Das Pferd – Weitere Informationen zum Text

Thema: Haltung

Kannst du alles benennen?
Schreibe die richtigen Nummern unten in die Kästen.

1 Futterkrippe
2 Heunetz
3 Heu
4 Einstreu
5 Tränkeimer
6 Selbsttränke mit 30–50 Litern frischem Wasser am Tag
7 viel Licht, Sonne und frische Luft

Name
Datum

2.

William Shakespeare *(sprich: Wiljäm Schäikspier)* – Ein Superstar ganz ohne Fernsehen und Kino

William Shakespeare ist ein berühmter Schriftsteller. Wie war sein Leben vor mehr als 430 Jahren?

Ganz genau wissen wir es leider nicht. William Shakespeare wurde am 23. April 1564 in Stratford-upon-Avon (sprich: *Strätfort-äpon-Även*) in England geboren. Sein Vater John (sprich: *Dschonn*) Shakespeare verkaufte Stoffe. Die Mutter war Mary (sprich: *Märi*) Arden, eine Adlige. Genauso wie du ging William in die Schule. Er musste dort Latein lernen. Das war anstrengend! Mit 18 Jahren heiratete er Anne Hathaway (sprich: *Än Hädawäy*). Sie bekamen drei Kinder.

Vor 400 Jahren gab es noch keine Elektrizität, darum konnten die Menschen noch kein Fernsehen schauen. Sie verbrachten ihre freie Zeit anders. Zum Glück gab es damals Geschichtenerzähler. Sie schrieben auch Theaterstücke.
So wollte auch Shakespeare die Menschen unterhalten. In London gab es die besten Theater. Deshalb zog er mit seiner Familie dorthin. Durch das Schreiben von Theaterstücken verdiente er viel Geld. Er wurde bekannt wie ein bunter Hund. Er bekam zwar keinen Oscar für seine Geschichten, aber sogar die englische Königin schaute im Theater zu.

1593 wütete in London eine tödliche Krankheit – die Pest. Alle Theater mussten deswegen geschlossen werden. Wie sollte Shakespeare nun ohne Theater sein Geld verdienen?

William war nicht dumm: Er schrieb Gedichte, die er reichen Leuten aus London verkaufte. Ein paar Jahre später kaufte sich Shakespeare mit anderen Schriftstellern zusammen das größte Theater von London. Damit verdiente er so viel Geld, dass er ab 1613 nicht mehr arbeiten musste.

Leider konnte er seinen Ruhestand nicht mehr lange genießen.
An seinem Geburtstag, dem 23. April im Jahr 1616, starb Shakespeare.

Thomas Mattlener

Name

Datum

William Shakespeare – Aufgaben zum Text

1. Wie heißt der vielleicht berühmteste Schriftsteller der Welt?

☐ Johann Wolfgang von Goethe
☐ Wolfgang Amadeus Mozart
☐ Eminem
☐ William Shakespeare

2. Er wurde geboren am ____________________.

3. Er starb am ____________________.

4. Wie viele Jahre ist er alt geworden?

____

5. Warum hat Shakespeare Stücke für das Theater geschrieben?

____

____

____

6. Was hat Shakespeare gemacht, als alle Theater geschlossen werden mussten?

____

____

____

Name ____________________ Datum ____________________

William Shakespeare – Aufgaben zum Text

7. Ein Gedicht von Shakespeare hört sich so an:

*Mein Liebchen Aug gleicht nicht dem Sonnenstrahl;
Rot wie Koralln sind ihre Lippen nie;
Mit Schnee verglichen, ist ihr Busen fahl;
Sind Haare Gold, dann seh ich schwarz für sie;
Klar kenn ich Rosen, weiß mit rot geschmückt,
Auf ihren Wangen ist es nicht so bunt;
Es gibt nun mal Parfüm, das mehr entzückt
Als der Geruch aus meiner Liebsten Mund:
Ich finde ihre Stimme wirklich schön,
Weiß aber auch, Musik schenkt mehr Genuss;
Es stimmt, ich sah noch nie ne Göttin gehn, –
Wenn meine Liebste geht, geht sie zu Fuß.
Und doch kann keine ihr das Wasser reichen,
Die man belügt mit hinkenden Vergleichen.*

Hört sich schon seltsam an, oder?
Hast du verstanden, über was er schreibt?
Was fandest du gut, was nicht?
Unterhalte dich mit einem Partner darüber.

8. Jetzt bist du dran: Stell dir vor, du sitzt in einem Raum.
Außer einem Stuhl und einem Tisch gibt es sonst nichts.
Eine brennende Kerze erhellt den Raum.
Auf dem Tisch liegt ein Stoß Papier und ein Stift. Du bist ein Dichter und sollst für einen Verlag ein Gedicht schreiben.
Du verdienst dir ein paar Euro damit.
Wie hört sich ein Gedicht von dir an?
Über was schreibst du?

Name ______________________ Datum ______________________

3.

Wenn ich in den Himmel sehe

Wenn ich in den Nachthimmel sehe, komme ich leicht ins Nachdenken. Was ist wohl da oben?

Schon vor langer Zeit haben Menschen angefangen, den Himmel zu erforschen. Man nennt sie Astronomen. Mit riesigen Ferngläsern beobachten sie die Sterne. Diese Ferngläser nennt man Teleskope.

Früher dachten die Menschen, dass sich Sonne, Mond und Sterne um die Erde drehen.
Heute wissen wir, dass sich unsere Erde um sich selbst dreht.
Deshalb gibt es Tag und Nacht.
Nur der Mond dreht sich um die Erde.
Er leuchtet, weil er von der Sonne angestrahlt wird.

Die Erde ist ein kleiner Planet. Sie wandert um die Sonne.
Unsere Sonne ist einer von vielen Sternen.
Sie bilden das Sternensystem „Milchstraße“.
Es gibt noch unzählig viele von solchen Sternen.

Wir können uns gar nicht vorstellen, wie groß das Weltall ist.

Name ______________________ Datum ______________

Hier findest du Erklärungen zu den Begriffen *Planet, Stern, Sonnensystem, Galaxie, Milchstraße* und *Planetarium.*
Suche Bilder zu den Begriffen in Sachbüchern oder im Lexikon.

Planeten sind runde Himmelskörper, die um eine Sonne kreisen. Sie bestehen meist aus Stein, Gas und Eis.
Planeten umkreisen immer eine Sonne in einem Sonnensystem. Sie leuchten nicht von selbst. Sie werden von ihrer Sonne angestrahlt.

Ein **Stern** ist eine Kugel aus unvorstellbar heißen Gasen. Durch die große Hitze leuchten die Sterne von selbst.
Die **Sonne** ist auch ein Stern.

Ein **Sonnensystem** besteht aus einer Sonne, die von einer Gruppe Planeten umkreist wird. In unserem Sonnensystem gibt es insgesamt **8 Planeten**: Merkur, Venus, Erde, Mars, Jupiter, Saturn, Uranus und Neptun.

Eine riesige Ansammlung von Sonnen und Sternen nennt man **Galaxie** oder Sternensystem. Die Galaxie, in der wir leben, heißt **Milchstraße**.

Ein **Planetarium** ist ein halbkugelförmiger Raum, in dem der Sternenhimmel dargestellt wird.

Annett Cremer

Name ____________________ Datum ____________

3.

Wenn ich in den Himmel sehe – Aufgaben zum Text

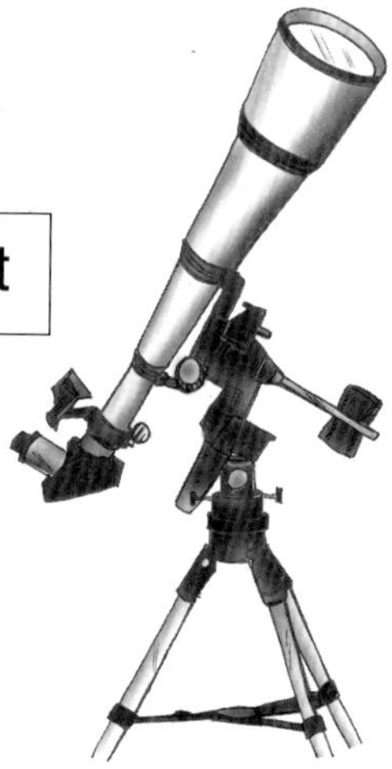

1. Lies nach und ergänze den Text.

Setze ein: Sonne | Mond | Stern | Planet | selbst | Astronomen | Teleskope

Menschen, die die Sterne erforschen, nennt man ______________________. Ihre riesigen Ferngläser heißen ______________________. Heute wissen wir, dass sich unsere Erde um sich ______________ dreht. Nur der ______________________ dreht sich um die Erde. Unsere Erde ist ein kleiner ______________. Sie wandert um die ______________. Die Sonne ist ein ______________.

2. Möchtest du dir die Reihenfolge unserer 8 Planeten merken?
Versuche es doch mal mit einem kleinen Trick:
Die Anfangsbuchstaben der Planeten ergeben einen Merksatz.

Merkur	**V**enus	**E**rde	**M**ars	**J**upiter	**S**aturn	**U**ranus	**N**eptun
|	|	|	|	|	|	|	|
Mein	**V**ater	**e**rklärt	**m**ir	**j**eden	**S**amstag	**u**nseren	**N**achthimmel.

3. Schreibe die Namen unter und über die Planeten.

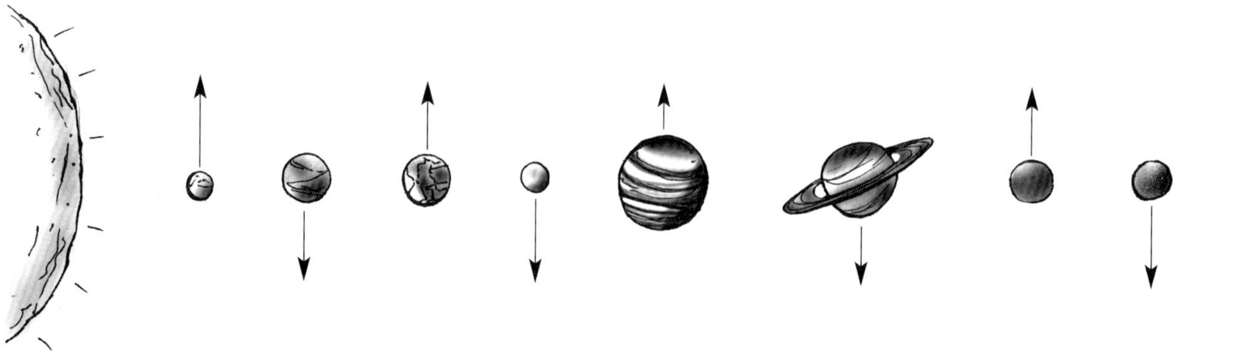

Name ______________________ Datum ______________________

Friedensreich Hundertwasser

Hunderte von Wassern – Reich an Frieden – Was ist los?

Friedensreich Hundertwasser wurde am 15. Dezember 1928 in Wien geboren. Sein Geburtsname war eigentlich *Friedrich Stowasser*.
Erst später hat er seinen Namen geändert. Als Kind war er viel allein. Seine Hobbys waren Zeichnen, Malen und Blumenpressen. Deshalb war er in der Schule im Fach Kunst sehr gut.

Nach dem Krieg half er Bauern bei der Feldarbeit und bekam dafür Essen. Friedrich gefielen die Farben in der Landschaft sehr. Er malte mit Buntstiften Bäume, Wiesen und Wälder.
Als Friedrich 20 Jahre alt war, studierte er Kunst. Er hörte aber schnell wieder auf. Danach reiste er herum und malte ohne Lehrer weiter.

Später lernte Friedrich Stowasser Russisch. *Sto* heißt auf Russisch *Hundert*. So änderte er seinen Nachnamen von *Stowasser* in *Hundertwasser*.

Hundertwasser (433) DAS ICH WEISS ES NOCH NICHT, 1960

In Japan lernte Friedrich Hundertwasser die Schriftzeichen für *Frieden* und *reich* kennen. Er änderte seinen Vornamen in *Friedensreich*.
Im Alter von 40 Jahren baute er ein Schiff um und taufte es *Regentag*.
Dort lebte und arbeitete er von nun an.

Für viele Länder malte er Bilder, entwarf bunte Briefmarken und Fahnen. Außerdem setzte er sich für Frieden und den Schutz der Umwelt ein.
Inzwischen nannte er sich *Friedensreich Hundertwasser Regentag Dunkelbunt*.

Name

Datum

4.

Friedensreich Hundertwasser arbeitete auch als Architekt.
Er baute bunte Häuser mit Bäumen und Dachgärten.
Als Friedensreich Hundertwasser älter wurde, zog er nach Neuseeland.
Am 19. Februar 2000 starb er auf einer Schiffsreise. Er wurde in Neuseeland begraben.

Überall auf der Welt findet man Spuren von Friedensreich Hundertwasser:
Seine Bilder, seine Briefmarken und Fahnen und seine Häuser.
Wenn du mal nach Wien kommst, musst du das berühmte ***Hundertwasser-Haus*** anschauen und ins ***KunstHausWien*** gehen.

Hundertwasser-Haus, Wien, 1983–1986, Foto: Hubert Kluger

Maike Harnack

Name

Datum

Friedensreich Hundertwasser – Aufgaben zum Text

1. Wann wurde Friedensreich Hundertwasser geboren?

☐ 1828 ☐ 1928 ☐ 2000

2. In welcher Stadt wurde er geboren?

☐ Berlin ☐ Bern ☐ Wien

3. Wie hieß er zuerst?

☐ Friedhelm Stowasser ☐ Friedrich Strowasser
☐ Friedrich Stowasser ☐ Friedmar Stowasser

4. Welche Hobbys hatte er als Kind?

____

5. Was malte er nach dem Krieg mit Buntstiften?

____

6. Friedrich lernte Russisch. Was heißt *Sto* auf Russisch?

☐ zehn ☐ hundert ☐ tausend

7. Für welche Wörter lernte er die japanischen Schriftzeichen kennen?

☐ Frieden und reich ☐ Krieg und arm

Name ______________________ Datum ______________________

Friedensreich Hundertwasser – Aufgaben zum Text

8. Wie hieβ das Schiff von Friedensreich Hundertwasser?

 -Tag ☐  -Woche ☐

9. Was malte er für verschiedene Länder?

____

10. Wie lautet der volle Name von F. H.?

__________ __________ __________ __________

11. Welches Haus baute Friedensreich Hundertwasser? Kreise es ein.

12. In welchem Land lebte er zuletzt?

____

13. Wie alt wurde er?

☐ 17 ☐ 28 ☐ 61 ☐ 71

14. Wo kann man heutzutage eine Ausstellung von Friedensreich Hundertwasser besuchen?

____

Name ____________________ Datum __________

Sabine und James Bond

Sabine schaut gerne fern. Auch Werbung gefällt ihr gut.
Jetzt gibt es Werbung für einen neuen Kinofilm. Im Kino gibt es einen neuen Film über James Bond *(sprich: Dschejms Bond)*.
Sabine kennt noch keinen James-Bond-Film.

Sie fragt ihren Vater: *„Wer ist James Bond?"*

Der Vater erzählt: *„James Bond gibt es nicht wirklich.
Er spielt in Geschichten, die sich jemand ausgedacht hat.
James Bond ist ein Agent im Geheimdienst von England."*

„Was ist ein Agent?"

Der Vater antwortet: *„Das ist ein Mann, der Verbrecher für sein Land jagt.
Diese Verbrecher stehlen geheime Pläne oder Geld oder Bomben.
James Bond ist ganz stark und ganz schlau. Alle schönen Frauen lieben ihn. Er hat einen Freund. Der baut für ihn ganz tolle Autos und manchmal auch ein kleines Flugzeug.
James Bond gewinnt immer.
Es gibt schon über 20 Filme mit James Bond."*

Sabine fragt weiter:
„Heißt der Schauspieler wirklich James Bond?"

„Nein, es sind verschiedene Schauspieler."

Sabine geht mit ihrem Vater ins Kino.
Der Film ist spannend.

Im Fernsehen schaut Sabine andere James-Bond-Filme an.
Sie findet sie gut. Am besten gefallen ihr die Filme mit Sean Connery *(sprich: Schohn Konnäri)*.

Sie suchen im Internet nach einem Fan-Club.
Vater hilft Sabine am Computer. Sie finden eine Adresse und schreiben einen Brief an Sean Connery.
Ein paar Wochen später bekommt Sabine eine Antwort:
Ein Autogramm von Sean Connery!

Dagmar Titera

Name ______________________ Datum ____________

5.

Sabine und James Bond – Aufgaben zum Text

1. Ein Agent …
   - ☐ … spioniert seiner Frau hinterher.
   - ☐ … arbeitet im Büro.
   - ☐ … arbeitet im Geheimen.
   - ☐ … ist bewaffnet.
   - ☐ … lebt gefährlich.

2. James Bond …
   - ☐ … gibt es wirklich.
   - ☐ … ist nur ein Filmheld.

3. Wie viele James-Bond-Filme gibt es?

   ☐ 2 ☐ 5 ☐ über 20 ☐ über 50

4. Wie heißt ein berühmter James-Bond-Darsteller?

   ☐ Til Schweiger ☐ Sean Connery
   ☐ Daniel Craig ☐ Leonardo di Caprio

Name

Datum

5.

Sabine und James Bond – Aufgaben zum Text

5. Hast du schon einen oder auch mehrere James-Bond-Filme gesehen? Wie heißen sie?

6. Was ist ein Agent?

7. Warum gewinnt James Bond immer?

8. Welche Filme gefallen dir?

9. Was ist ein Autogramm?

Name

Datum

6.

Europagedicht

Dass Deutschland in Europa liegt, ja das weiß jedes Kind.
Doch kennt ihr auch noch andere Länder, die in Europa sind?

In Österreich und Liechtenstein kann man uns gut verstehn.
Da spricht man deutsch, genau wie hier, das ist im Urlaub schön.

Italien ist ein schönes Land mit Bergen, Seen und Meer.
Doch Pizza, Pasta, Parmesan lieben wir noch mehr.

Der Eiffelturm steht in Paris, ja der ist weltbekannt.
Dass Paris die Hauptstadt von Frankreich ist, habt ihr längst erkannt.

In England gibt's 'ne Königin und jede Menge Regen.
Die Schotten haben Röcke an, da könnt ihr was erleben.

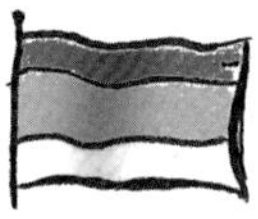

Olympia, Gyros und Oliven, Inseln, weißer Strand –
Ganz sicher hättet ihr's gewusst, das ist Griechenland.

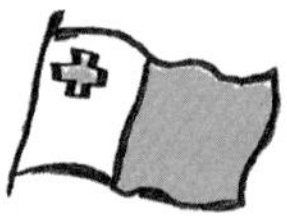

Portugal hat die Algarve, der Strand ist traumhaft schön.
Und auf Madeira kann man wohl die schönsten Blumen sehn.

Und schaun wir hin zum Mittelmeer, da sehn wir die Türkei.
Auf dem Basar in Istanbul bekommt man allerlei.

In Belgien kennt man die EU und den Europarat.
Dort beschließen die Minister, was zu ändern ist im Staat.

Im Norden liegen Dänemark, Finnland, Norwegen, Schweden.
Auch über Polen, Tschechien, Russland sollten wir noch reden.

In Spanien gibt es nicht nur Sonne, Apfelsinen und viele Feste.
Nein, auch Stierkampf und Flamenco bietet es für seine Gäste.

Noch fehlen ein paar Länder, doch ist die Seite voll.
Könnt ihr sie mir noch nennen? – Das wäre wirklich toll.

Annett Cremer

Name ____________________ Datum ____________________

Europagedicht – Aufgaben zum Text

1. Welche Länder werden im Gedicht genannt?

2. Schau dir die Europakarte auf Arbeitsblatt 3 an.
Welche Länder gehören noch zu Europa?

3. In welchen Ländern spricht man deutsch?

- ☐ Österreich
- ☐ Deutschland
- ☐ England
- ☐ Liechtenstein

Name

Datum

Europagedicht – Aufgaben zum Text

4. Kennst du diese regionalen Gerichte?

1. In Italien gibt es Pasta. Was ist das?

☐ Knödel
☐ Nudeln
☐ Kartoffeln

2. In Griechenland gibt es Gyros. Was ist das?

☐ Schaschlik
☐ Bratwurst
☐ Fleisch am Drehspieß

5. Wie heißt die Hauptstadt von Frankreich?

___

6. Kennst du Länder in Europa, die am Meer liegen?
Lies im Text und auch auf einer Karte nach.

___
___
___

7. Suche dir ein europäisches Land aus und male ein Bild dazu.

Name ___ Datum ___

6.

Europagedicht – Weitere Informationen

Europakarte

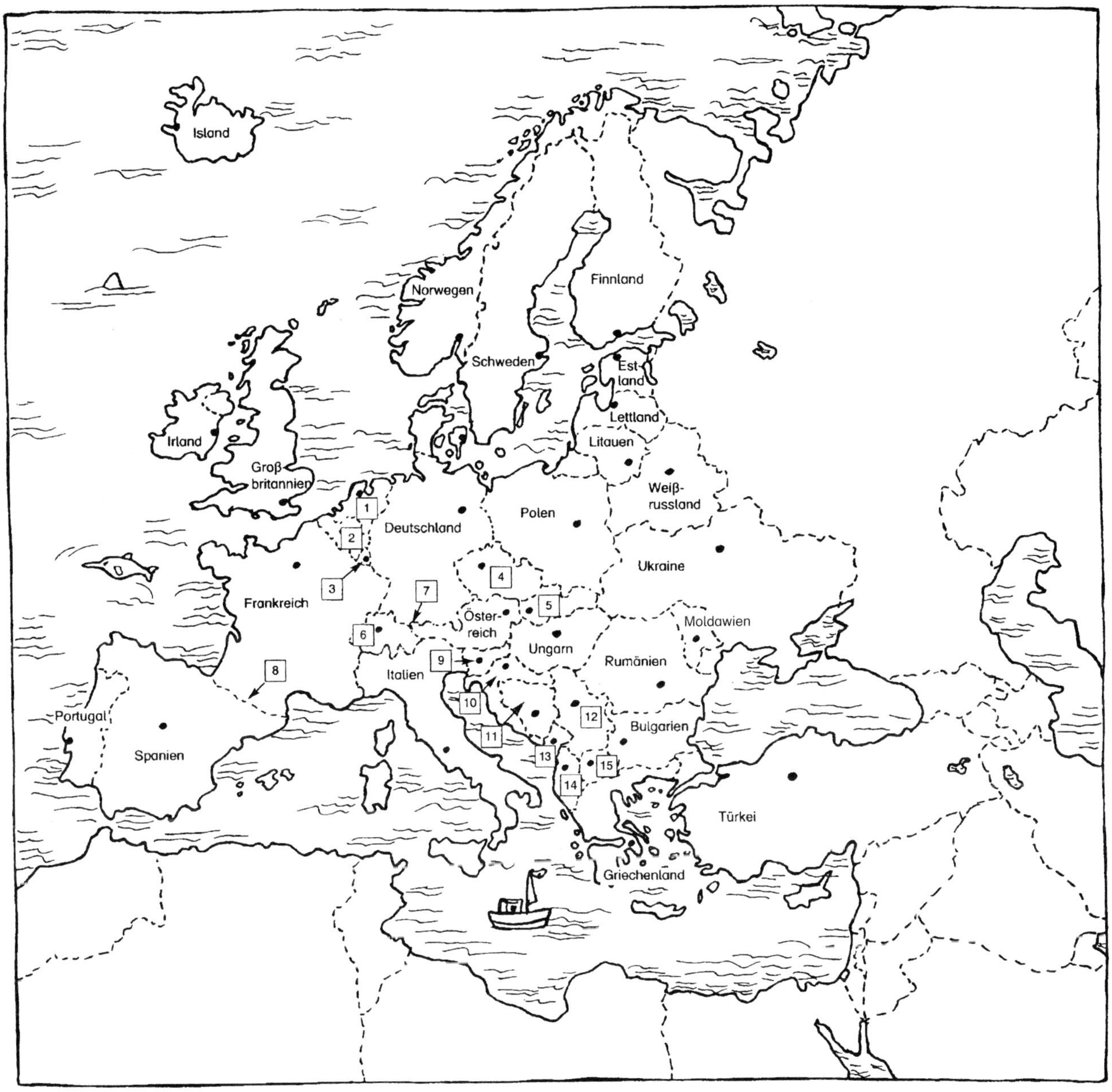

1 = Niederlande
2 = Belgien
3 = Luxemburg
4 = Tschechische Republik
5 = Slowakische Republik
6 = Schweiz
7 = Liechtenstein
8 = Andorra
9 = Slowenien
10 = Kroatien
11 = Bosnien und Herzegowina
12 = Serbien
13 = Montenegro
14 = Albanien
15 = Mazedonien

Name

Datum

7.

Herbstwind

Über Hügel weht der Wind,
lässt die Bäume wiegen.
Weiße Wolken bläst er schnell
übers Land.

Tanzt ein goldner Sonnenstrahl
über reife Felder,
malt den Wald mit Farben an,
rot und gelb.

Überall ist Erntezeit,
und der Herbst ist nicht mehr weit.
Drachen hoch am Himmelszelt,
bunt und schön.

Der Sommer gibt sein Abschiedsspiel,
geht mit langen Schritten,
taucht die Welt mit letzter Kraft
in goldnes Licht.

Über uns am Horizont
kreisen schon die Vögel.
Sie sammeln sich für ihren Flug,
der nach Süden geht.

Und der Herbstwind weht …
und der Herbstwind weht …

Annett Cremer

Name

Datum

Herbstwind – Aufgaben zum Text

Über Hügel weht der Wind, lässt die Bäume wiegen.
Weiße Wolken bläst er schnell übers Land.

Tanzt ein goldner Sonnenstrahl über reife Felder,
malt den Wald mit Farben an, rot und gelb.

Überall ist Erntezeit
und der Herbst ist nicht mehr weit.
Drachen hoch am Himmelszelt, bunt und schön.

Der Sommer gibt sein Abschiedsspiel,
geht mit langen Schritten,
taucht die Welt mit letzter Kraft in goldnes Licht.

Über uns am Horizont kreisen schon die Vögel.
Sie sammeln sich für ihren Flug,
der nach Süden geht.

Und der Herbstwind weht …
und der Herbstwind weht …

Name

Datum

7.

Herbstwind – Aufgaben zum Text

1. Schau dir die Bilder genau an.
Schneide sie aus und klebe sie neben die entsprechenden Zeilen.

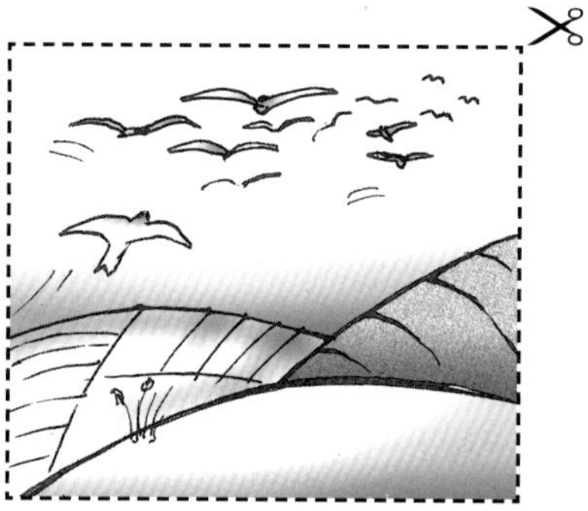

2. Stell dir einen schönen Herbsttag vor.
Welche Farben kannst du sehen?
Male ein Bild.

Name

Datum

Tierrätsel

Welches Tier kann kratzen?
Mäuse fängt's und Ratzen*.

Wer flattert über Tal und Hügel,
bunt wie Blumen sind seine Flügel?

Wer mag das sein?
Es hat acht Bein,
ist rund und klein,
spinnt Netze fein!

Welches Häuschen hat kein Dach?

Man muss sich wehren rundherum.
So ist's nun mal, und eben drum
trägt tausend Stacheln er als Schutz,
sonst frisst ihn mancher ratzebutz.

Lies mich von vorn und hinten,
wirst stets den gleichen Vogel finden!

Wer wohl diesen Vogel kennt,
der sich beim Rufen selber nennt.

Dies Tier hat lange Beine
und ist riesig groß.
Man führt's nicht an der Leine;
es sitzt nicht auf dem Schoß.
In Afrika, da lebt es (das merke dir!).
Frisst von den Bäumen Blätter,
wie heißt das Tier?

* Ratten

Petra Popp

Name

Datum

Rätsel-Allerlei

Ich bin ein kleines Männchen,
hab einen runden Kopf
und streicht man mir das Köpfchen,
gleich brennt der ganze Schopf.

Weiß wie Kreide,
leicht wie Flaum,
weich wie Seide,
feucht wie Schaum.

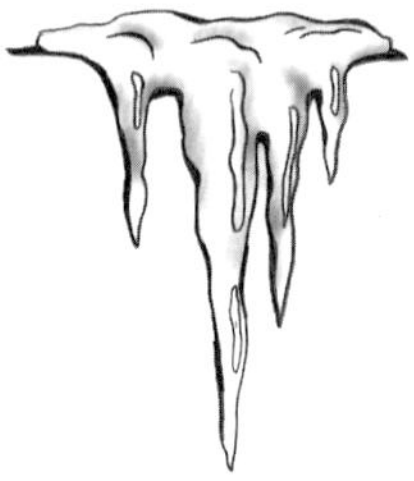

Du siehst es stets bei Sonnenschein,
am Mittag ist es kurz und klein.
Es wächst bei Sonnenuntergang,
ist schwarz und dann auch lang.
Es flieht, rennst du ihm hinterher,
es zu fangen, ist gar schwer.

Wer hängt am Dach und weint,
wenn die Sonne scheint?

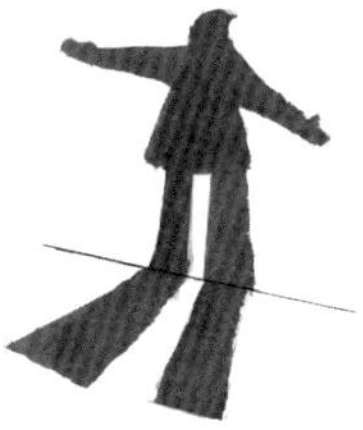

Groß und kräftig steh ich da,
trage eine gelbe Krone,
der Sonne wende ich mich zu.
Nun rate du!

Kein Anfang und kein Ende,
doch schmückt er dir die Hände.

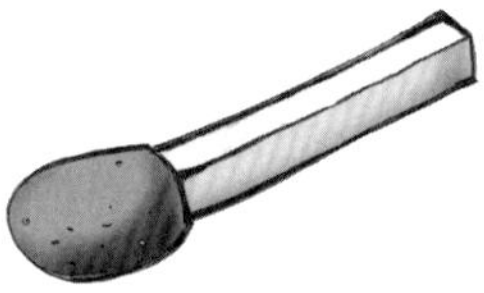

Sie wachsen hoch oben im Baum,
am Anfang sieht man sie kaum.
Im Herbst da sind sie groß und rund,
haben Stacheln wie Igel und
fallen sie dann vom Baum,
zeigt sich ihr Kern, ganz braun.
Die Kinder sammeln sie gern ein.
Was mag das wohl sein?

Name ____________________ Datum ____________

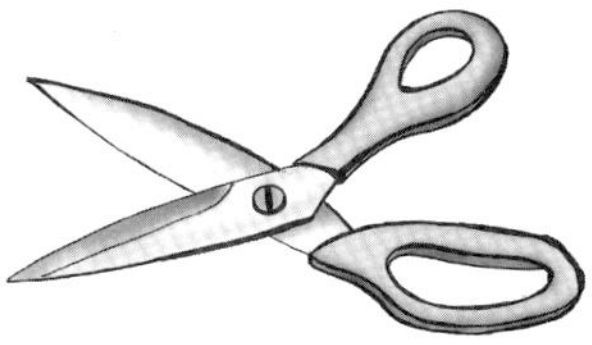

Ein weißer Mann steht auf der Wiese,
groß wie ein Riese.
Der Kopf wie ein Ball,
sein Bauch dick und prall.
Doch wenn die Sonne scheint,
tropft der Mann und weint.
Er wird dann immer kleiner,
was ist das wohl für einer?

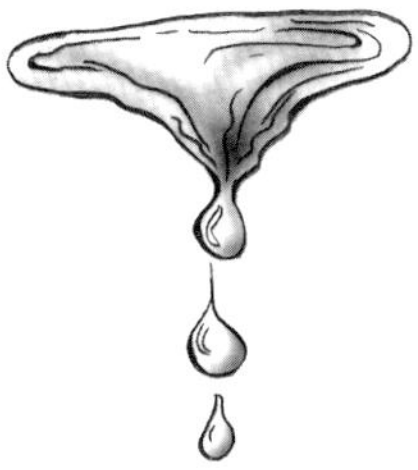

Es brennt in den Augen und lockt die Träne,
es beißt gemein und hat keine Zähne.

Die schönste Blume werde ich genannt,
man findet mich in Stadt und Land.
Wer sich erfreut an meinen Blüten,
mag sich vor meinen Dornen hüten.

Wer ist im Wald der kleine Mann:
Auf einem Bein er stehen kann,
trägt einen großen, runden Hut,
ist manchmal giftig, manchmal gut?

Was ist das?
Wenn es regnet, ist es nass.
Wenn es schneit, ist es weiß.
Wenn es friert, ist es Eis.

Zwei Löcher hab ich,
zwei Finger brauch ich,
ich mache Langes und Großes klein
und trenne alles. Was soll das sein?

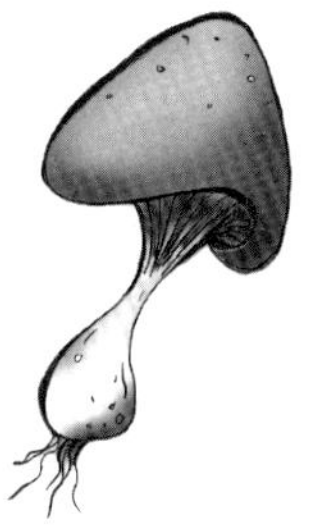

Petra Popp

Name ______ Datum ______

10.

Das menschliche Auge

Wie findest du dich in der Welt zurecht? Du hast fünf verschiedene Sinne.

Mit den *Ohren* hörst du.
Mit deiner *Nase* riechst du.
Mit der *Zunge* schmeckst du.
Mit deiner *Haut* fühlst du.
Mit den *Augen* siehst du.

Von allen Dingen gehen Lichtstrahlen aus.
Diese Strahlen fallen in dein Auge.
Hier entsteht das Bild, das du siehst.

Aber wie arbeiten deine Augen eigentlich?
Das Auge hat verschiedene Teile:
Die **Lederhaut** ist das „Weiße" in deinem Auge.
Ganz vorne hat die Lederhaut ein kleines Loch.
Hier sitzt die **Pupille** in der farbigen **Regenbogenhaut**. Die Regenbogenhaut heißt auch **Iris** und bestimmt deine Augenfarbe.

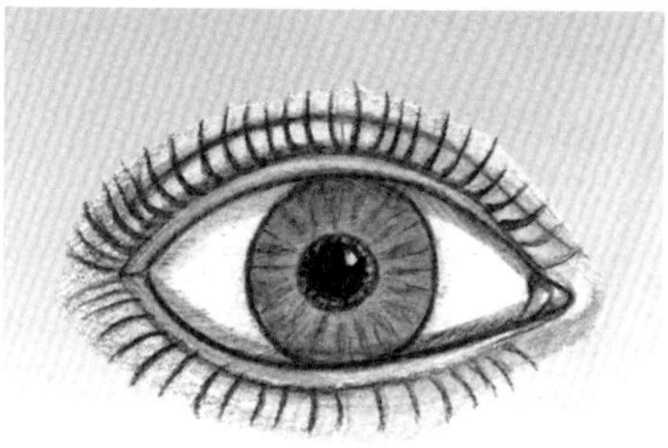

Dein Auge ist sehr wichtig und muss geschützt werden.
Dafür ist die durchsichtige **Hornhaut** über Iris und Pupille da.

Das Innere des Auges ist mit dem gelartigen **Glaskörper** gefüllt.

Durch die Pupille fallen die Lichtstrahlen auf die **Netzhaut**.
Wie bei einem Spiegel ist das Bild jetzt seitenverkehrt.
Deswegen wird es in einer kleinen **Linse** davor umgedreht.
So wird alles genau so, wie du es gerade siehst.

Die Netzhaut besteht aus winzig kleinen **Sehzellen**. Diese sind mit deinem Gehirn verbunden. So kommen Bilder in dein Gehirn und werden dort gespeichert. Deswegen erkennen wir Dinge wieder.
Dein Auge wird von sechs **Muskeln** bewegt.
Wusstest du schon, dass nicht alle Tiere so gut und in Farbe sehen können wie du?!

Thomas Mattlener

Name ______________________ Datum ______________

10.

Das menschliche Auge – Aufgaben zum Text

1. Kannst du die Begriffe zuordnen?
Schreibe die richtigen Nummern unten in die Kästen.

1 Hornhaut 2 Iris 3 Pupille 4 Linse 5 Lederhaut
6 Netzhaut 7 Glaskörper

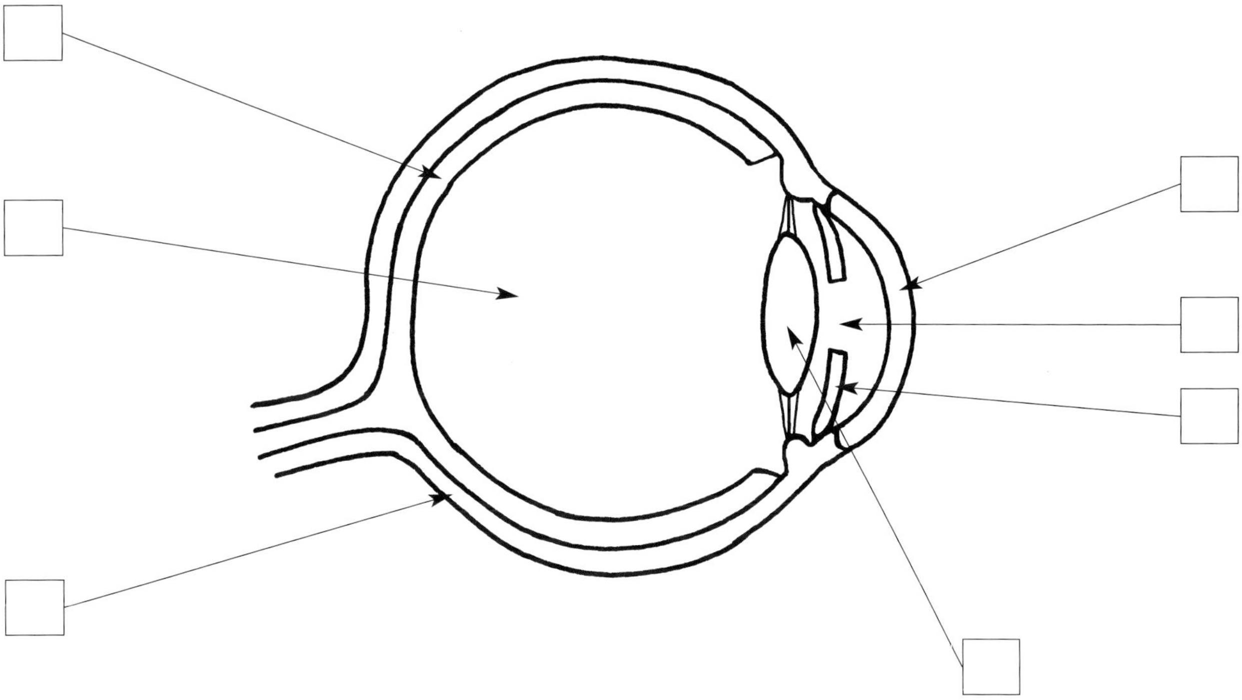

2. Arbeite mit einem Partner: Dein Partner schließt die Augen.
Nach etwa einer halben Minute öffnet er die Augen wieder.
Beobachte, was in seinem Auge passiert.
Unterhalte dich mit deinem Partner darüber.

3. Schaue durch ein Fernglas. Verstelle die Schärfe.
Ungefähr so funktioniert die Linse deines Auges.

4. Gehe zu einem Metzger. Frage nach, ob du ein Rinderauge haben kannst. Erschrick nicht, wenn du es siehst. So ähnlich schaut dein Auge auch aus.

Name

Datum

5. Schaue dir diese beiden Bilder an.
Wieso nennt man sie *optische Täuschungen*?

6. Nicht alle Tiere können so sehen wie du. Wie sehen Tiere eigentlich? Welche Tiere können farbig sehen? Forsche nach, z. B. in der Bücherei oder im Internet.

Versuche, auch Antworten auf folgende Fragen zu finden:
Wo liegen die Augen eines Hundes?
Kann die Fliege nach hinten sehen?
Was passiert mit Katzenaugen bei Nacht?

Name ______________________ Datum ______________________

Die Olympischen Spiele

Die Olympischen Spiele gibt es schon seit ungefähr 3000 Jahren.
Die Olympischen Spiele waren das größte Fest im alten Griechenland und fanden alle vier Jahre statt.
Es gibt heute noch eine Stadt in Griechenland, die Olympia heißt.

Die alten Olympischen Spiele waren anders als heute.
Manche Sportarten gibt es heute nicht mehr:
Wagenrennen mit Pferden, Laufen mit Rüstung und Waffen.
Manche Sportarten gibt es heute immer noch:
Laufen, Ringen, Weitsprung, Diskuswurf und Speerwurf.

Damals durften nur Männer am Wettkampf teilnehmen.
Sie waren nackt und hatten noch keine Sportkleidung.
Nur die ersten Sieger bekamen einen Kranz aus Ölbaumzweigen.
Die Zuschauer mussten keinen Eintritt bezahlen.

Fast 1500 Jahre lang gab es keine solchen Sportfeste mehr.
1896 fanden die ersten Olympischen Spiele wieder in Griechenland (Athen) statt. 1936 wurden sie zum ersten Mal in Deutschland (Berlin) veranstaltet.

Auch heute finden die Olympischen Spiele noch alle vier Jahre statt.
Es gibt Sommerspiele und Winterspiele.

Die Sportler kommen aus vielen Ländern unserer Erde.
Das Zeichen für das große Sportfest sind die fünf olympischen Ringe.
Jeder Ring hat eine andere Farbe (blau, schwarz, rot, gelb, grün) und soll jeweils einen Kontinent darstellen (Europa, Asien, Afrika, Australien, Amerika).

Außerdem gibt es noch die Special Olympics für Menschen mit geistiger und mehrfacher Behinderung.

Name ____________________ Datum ____________________

Jeder Sportler hofft, dass er gewinnt. Es gibt Medaillen aus Gold (1. Platz), Silber (2. Platz) oder Bronze (3. Platz).

Die Olympischen Spiele beginnen mit einem Fackellauf. Das olympische Feuer wird aus der griechischen Stadt Olympia abgeholt. Sportler tragen die Fackel in die neue Stadt. Dann sprechen die Sportler einen Eid. Sie versprechen, fair zueinander zu sein und die Regeln zu beachten.

Es gibt viele verschiedene Sportarten bei den Olympischen Spielen. Jedes Jahr kommen noch neue dazu.
Es gibt:
Bogenschießen, Fechten, Gewichtheben, Turnen, Hochsprung, Weitsprung, Diskuswurf, Speerwurf, Laufen, Reiten, Basketball, Hockey, Handball, Volleyball, Fußball, Wasserball, Paddeln, Rudern, Segeln, Schwimmen, Fahrradfahren, Tanzen, Taekwondo, Skifahren, Eislaufen und viele mehr.

Im Anschluss an die Olympischen Spiele finden die *Paralympics* statt. Jeder Teilnehmer muss eine Behinderung haben. Dabei spielen Rollstuhlfahrer Basketball, Blinde fahren Ski usw.

Außerdem gibt es noch die Special Olympics für Menschen mit geistiger und mehrfacher Behinderung.

Maike Harnack

Name ______________________ Datum ______________________

Die Olympischen Spiele – Aufgaben zum Text

1. Jeder olympische Ring steht für einen Kontinent.
Wie heißen die 5 Kontinente?

________________ ________________

________________ ________________

____

2. In welchem Land gab es die Olympischen Spiele zuerst?

____

3. Welche Sportarten gab es bei den alten Olympischen Spielen?

____

____

____

4. Wann fanden die ersten Olympischen Spiele in Deutschland statt?

____

5. Womit beginnen die Olympischen Spiele?

____

____

Name ____________________ Datum __________

Die Olympischen Spiele – Aufgaben zum Text

6. Die Sportler müssen einen Eid schwören.
Wie müssen sie sich verhalten?

___

___

7. Was konnten die Sieger früher gewinnen?

___

8. Welche Medaillen kann man heute gewinnen?

1. ___
2. ___
3. ___

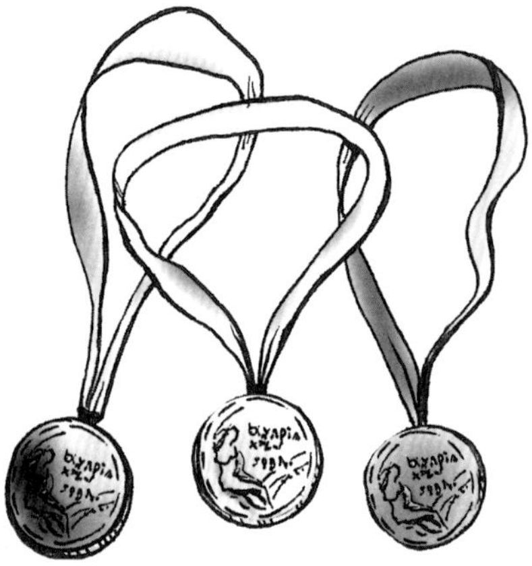

9. Wer darf bei den Paralympics teilnehmen?

___

10. Kennst du Länder, in denen die Olympischen Spiele stattfanden?

___

11. Wo werden die nächsten Olympischen Spiele stattfinden?

___

Name ___ Datum ___

Die Olympischen Spiele – Aufgaben zum Text

12. Kennst du diese olympischen Sportarten?

___________ ___________ ___________

___________ ___________ ___________

13. Schneide die Teile aus. Ordne sie und klebe sie auf ein anderes Blatt. Male in den richtigen Farben aus.

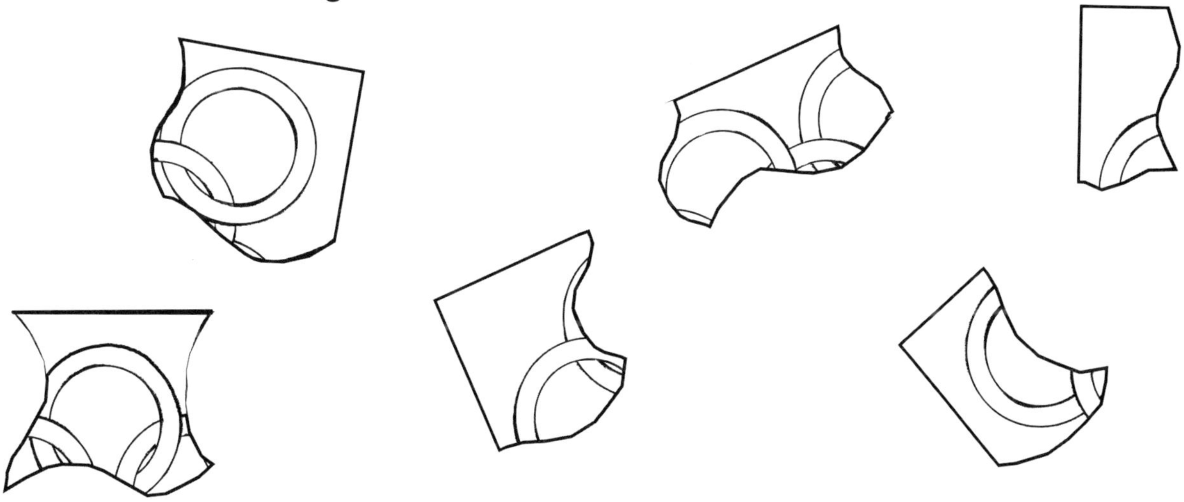

Name ______________________ Datum ____________

Hexen und Hexenverfolgung

Im Mittelalter haben viele Menschen an Hexen geglaubt. Man sagte: *„Hexen und der Teufel sind schuld an allen schlimmen Ereignissen.“* Dazu gehörten Hunger, Krankheiten und Krieg.
Die „Hexen“ kamen vor Gericht und wurden zum Tode verurteilt.
Es waren sehr viele Frauen und auch Kinder darunter.

In dem alten Buch „Hexenhammer“ werden Hexen so beschrieben:

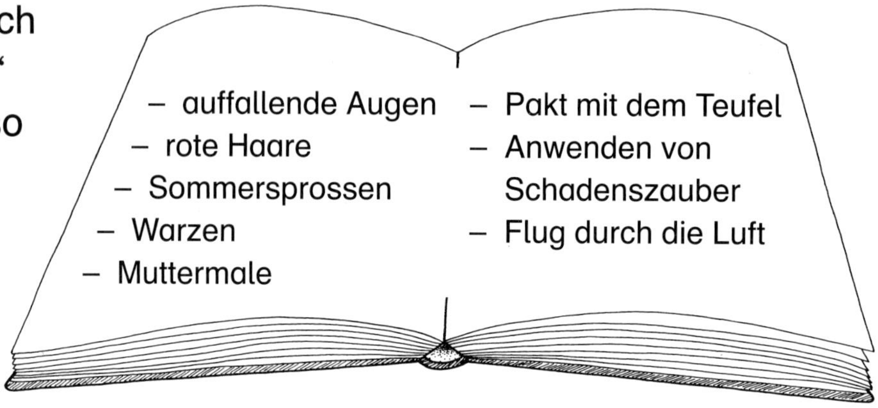

So sah ein **Hexenprozess** aus:

1. „Freundliche Befragung“ im Beisein des Pfarrers:
   - Wann hat sie sich mit dem Teufel verbündet?
   - Wo hat sie Schaden angerichtet?
   - Wie hat sie Schaden angerichtet?
2. Wenn die „Hexe“ nicht antwortete, wurde Gewalt angewendet:
   - Wasserprobe: Sie wurde gefesselt ins Wasser getaucht. Wenn sie nicht ertrank und hochkam, war sie eine Hexe. Wenn sie unten blieb und ertrank, war sie keine.
   - Streckbank: Sie wurde so lange gezogen, bis die Arme und Beine gebrochen oder abgerissen waren.

Die Hexenprobe verursachte immer große Schmerzen. Meist gaben die Beschuldigten jede Schuld zu. Sie wollten keine Schmerzen mehr erleiden. Wenn die Hexe ihre Schuld gestanden hatte, wurde sie auf dem Scheiterhaufen verbrannt.

Heute werden keine „Hexen“ mehr verfolgt. Viele Leute haben Spaß an Hexengeschichten und Zaubertricks. Sie verkleiden sich zu Fasching oder Halloween *(sprich: Hälluwien).*

Dorli Beez

Name ______ Datum ______

Hexen und Hexenverfolgung – Aufgaben zum Text

1. Welche Antwort stimmt? Markiere sie und notiere den Lösungsbuchstaben. An welchen Merkmalen konnte man nach dem „Hexenhammer" echte Hexen erkennen?

Sie hatten …

- (T) … auffallende Augen.
- (L) … schwarze Haare.
- (E) … rote Haare.
- (U) … Sommersprossen.
- (I) … lackierte Fingernägel.
- (F) … Warzen.
- (E) … Muttermale.
- (L) … und konnten fliegen.

Lösung:
Man sagte, Hexen hätten einen Vertrag mit dem __ __ __ __ __ __.

2. Man gab früher den Hexen die Schuld an vielen schlimmen Ereignissen. Nenne Beispiele.

____

3. Bei der „freundlichen Befragung" …

- ☐ … erzählte die Hexe ein Märchen.
- ☐ … erzählte der Richter lustige Geschichten.
- ☐ … sollte die Hexe ihre Schuld zugeben.

4. Gibt es bei uns heute noch Hexenverfolgung?

☐ nein ☐ nur an Halloween ☐ ja

5. Heute tauchen bei uns Hexen und Zauberer nur noch in Geschichten auf. Kennst du so ein Buch? Schreibe den Titel auf. Vielleicht schaust du in der Bücherei oder im Internet nach?

____

____

Name ______________________ Datum ______________

Hexen und Hexenverfolgung – Ein Rezept

Slime *(sprich: Sleim)* – Hexenschleim

Zutaten für 5 Slimes:

Borax (in der Apotheke abwiegen lassen)
Guarkernmehl (Reformhaus)
Wasser
Lebensmittelfarbe
Messbecher
Einwegspritze
Teelöffel
Kochtopf
Kochplatte
Kochlöffel oder großer Löffel

Und so geht es:

3 g Borax in 500 ml kaltem Wasser auflösen (Boraxlösung).
8 g Guarkernmehl (3 1/2 gestrichene Teelöffel) in 500 ml kaltem Wasser in einem Kochtopf anrühren.
Auf einer Kochplatte bis 70° C unter Rühren erhitzen (bis es leicht zu köcheln beginnt) und Lebensmittelfarbe dazugeben.
Kochtopf von der Platte nehmen.
75 ml Boraxlösung mit der Einwegspritze in den Kochtopf geben und weiterrühren, bis der Slime richtig schleimig wird.
Den Slime auf eine kühle Unterlage (Tischplatte) leeren und erkalten lassen.
Den fertigen Slime nicht in den Mund nehmen, nicht dreckig werden lassen und am besten in einer Plastiktüte aufbewahren.

Name

Datum

1.

Panik im Schrank

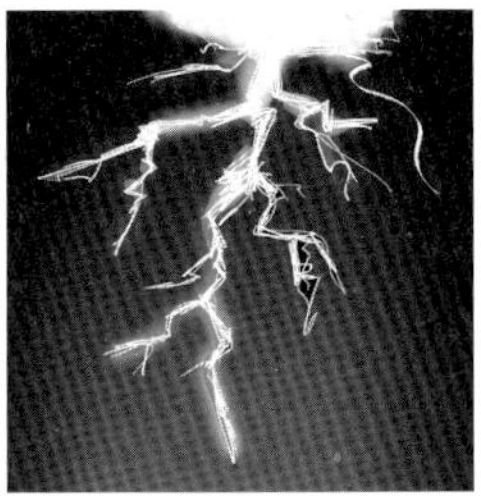

Florian Heinrich hockt vor der Glotze
und hört im Wetterbericht:
„Sturm und Gewitter am Nachmittag.“
Nachmittags will er sich mit seinen Kumpels treffen.

Über den Flur ruft seine Mutter: *„Ich muss heute zum Supermarkt. Es gibt Würstchen im Angebot. Du musst auf deinen Hund Bully selbst aufpassen.“*
Florian sagt genervt: *„So ein Mist. Bully hat doch bei Gewitter Angst und pinkelt wieder in die Schuhe.“*

Mutter Heinrich hat eine Idee: *„Wir lassen die Schranktür offen.
Bully kann sich im Schrank in ein Hemd von dir kuscheln.
Da geht es ihm gut und du kannst zu deinen Freunden.“*

Mutter und Florian verlassen das Haus.
Schon pfeift der Sturm durch die Bäume und es fängt an zu donnern.
Es kracht, der Blitz schlägt ein.
Das Licht geht aus. Ein Fenster im Haus zersplittert.
Bully jault vor Schreck auf und springt in den Schrank.
Die Schranktür fällt hinter ihm zu. Da hört Bully leise Schritte.

Zwei fremde Männer sagen:
„Super, bei Gewitter hören die Nachbarn unseren Einbruch sicher nicht.“
Einer der Männer öffnet die Schranktür.
Bully hat Angst und beißt in Panik mehrmals in den Arm des Einbrechers.
Der Fremde bricht zusammen.
Bully springt aus dem Schrank und stellt sich gefährlich knurrend vor dem zweiten Mann auf.

Von weitem hört man Sirenen …

Thomas Reißer

Name ____________________ Datum ____________________

Panik im Schrank – Informationen und Aufgaben zum Text

1. Zu diesen Wörtern kannst du auch Folgendes sagen:

hockt:	sitzt		
Glotze:	Fernseher	Kiste	
Kumpels:	Clique	Freunde	
genervt:	gestresst	schlecht gelaunt	grantig
sicher:	hundertprozentig	bestimmt	
super:	optimal	perfekt	
Einbrecher:	Eindringling	Dieb	

2. Welcher Begriff bedeutet das gleiche? Umkreise.

hockt:	kniet	liegt	sitzt	steht
Glotze:	Fernseher	Kiste		
Kumpels:	Nachbarn	Bekannte	Freunde	
genervt:	begeistert	schlecht gelaunt		
sicher:	gestern	hundertprozentig		
super:	lustig	frisch	bestens	
Einbrecher:	Gast	Verkäufer	Eindringling	

Name ______________________ Datum ______________

Panik im Schrank – Gesprächsanlässe

3. Hier findest du einige Gesprächsanlässe. Überlege und unterhalte dich mit einem Partner.

1. Wetter: Was kann ein Sturm anrichten?
Wie verhältst du dich bei Gewitter?
Können auch Sonne, Regen oder Schnee gefährlich sein?

2. Kumpels: Was sind Freunde?
Was kann man zusammen machen?
Ich habe einen Freund, dem geht es schlecht!
Darf man sich unter Freunden streiten?
Was schenke ich einem Freund?

3. Hunde: Was habe ich für Aufgaben, wenn ich einen Hund besitze?
Muss man einen Hund erziehen?
Welcher Hund ist für mich geeignet?
Woher bekomme ich einen Hund?
Warum gibt es Tierheime?

4. Einbruch: Hast du schon von einem Einbruch gehört?
Wie kann man sich vor einem Einbruch schützen?
Was kannst du bei einem Einbruch tun?
Wie klärt die Polizei einen Einbruch auf?
Was passiert mit den Einbrechern?

Name ______________________ Datum ______________

Dumm gelaufen

Es ist 1.30 Uhr. Der Pförtner Horst Müller sitzt in seinem Häuschen am Eingang. Als Sicherheitsmann des Kunstmuseums muss Herr Müller jede Stunde durch alle Räume gehen.

Um 2 Uhr steht er auf und greift nach der Taschenlampe. Er beginnt seinen Rundgang im Erdgeschoss bei den modernen Künstlern.
Herr Müller schüttelt den Kopf. Komische Bilder!

Plötzlich hört er ein Poltern. Herr Müller schleicht sich näher heran und entdeckt einen Schatten. Er kehrt leise zu seinem Pförtnerhäuschen zurück. Aufgeregt drückt er den Alarmknopf. Das Licht geht an und die Sirene ertönt.

Fünf Minuten später hört man die Polizeiautos. Die Polizisten springen aus ihren Autos und umstellen alle Eingänge. Zwei Polizisten gehen mit Herrn Müller in das Kunstmuseum. Sie können niemanden entdecken. War es falscher Alarm?

Die Polizisten schauen nun auch auf dem Dachboden nach.
Da ist plötzlich ein Rascheln. Mit gezogener Pistole nähern sie sich einem Knäuel aus Seilen. Die Polizisten entdecken den Einbrecher. Er hat sich auf der Flucht in den Seilen selbst gefesselt. Sie müssen lachen. So leicht fangen sie selten einen Einbrecher.

Herr Müller ist froh. Alles ist gutgegangen. Diese Nacht wird er bestimmt niemals vergessen.

Was morgen wohl in der Zeitung steht?

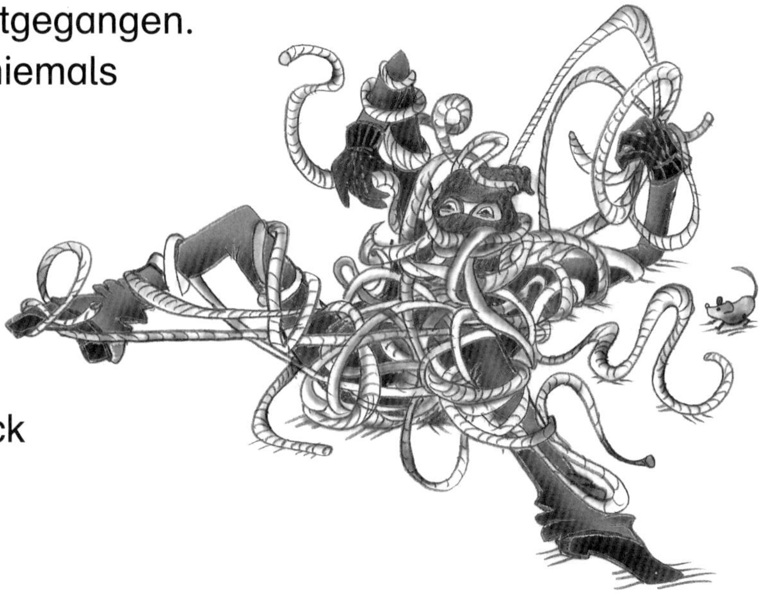

Maike Harnack

Name

Datum

Dumm gelaufen – Aufgaben zum Text

1. Welche Antwort stimmt?
Markiere sie und notiere den Lösungsbuchstaben.

1. Wie heißt der Sicherheitsmann des Museums?

Ⓚ Horst Meyer Ⓛ Herbert Müller
Ⓐ Horst Müller Ⓜ Horst Möller

2. Was für ein Museum ist es?

Ⓛ Museum für Kunst Ⓐ Museum für Kinder

3. Was hört Herr Müller bei seinem Rundgang?

Ⓑ ein Krachen Ⓒ ein Zischen
Ⓓ ein Dröhnen Ⓐ ein Poltern

4. Löst er den Alarm aus?

Ⓡ ja Ⓕ nein

5. Was entdecken die Polizisten auf dem Dachboden?

Ⓝ eine Maus Ⓢ eine Ratte
Ⓟ einen Ausbrecher Ⓜ einen Einbrecher

Lösung: ___ ___ ___ ___ ___
1 2 3 4 5

2. Was steht morgen in der Zeitung?
Schreibe einen Artikel für die Zeitung.

Name ______________________ Datum ______________________

In der Sternenflotte

Der erste Tag
Heute war mein erster Tag im Raumschiff.
Ich trug eine blaue Uniform und einen Helm.
Schon immer wollte ich ein Held sein und viele Orden bekommen. Nun trat ich auf den 1. Offizier zu:
„Uri Tulei, Offiziersanwärter vom Planeten Linos meldet sich zum Dienst, Sir!“
Er antwortete: *„Willkommen an Bord!“*
Ich freute mich auf die Abenteuer im Weltraum.

Aber der Alltag war erst mal langweilig: Küchendienst und viele Schulstunden. Selbst der Wachdienst auf der Kommandobrücke war langweilig. Und dafür hatte ich mich bei der Prüfung angestrengt!

Auf der Kommandobrücke
Eines Morgens trat ich wieder meinen Wachdienst auf der Brücke an. Ich blickte einer Offizierin über die Schulter. Auf den Monitoren kontrollierte sie gerade die Milchstraße. Sie schaltete von Monitor C7 auf C8. Da sah ich einen kleinen Schatten am Bildschirmrand vorbeihuschen. *„STOPP!“,* rief ich und zeigte auf das Bild. Wirklich, da bewegte sich etwas. Schnell berechnete die Offizierin die Daten und rief den Commander: *„Commander, ich habe hier etwas für Sie!“*

Gespannt blickten wir auf das *unbekannte Flugobjekt* – ein *UFO.*
„Alarmstufe ROT an alle Stationen!“ Und nun ging alles sehr schnell. Der Commander gab den Mitgliedern der Crew Anweisungen und ließ den Schutzschirm aktivieren. Es wurde eine Verbindung zum UFO aufgebaut. Der Commander nahm Kontakt auf. Es handelte sich um Raumfahrt-Piraten. Sie wollten überraschend angreifen. Wir hatten sie entdeckt. Sie fühlten sich für einen Angriff nicht mehr stark genug. Die Feiglinge flogen einfach davon.

Die Signallampen schalteten auf GRÜN zurück. Alle atmeten auf.
„Toll erkannt!“ Der Commander klopfte mir auf die Schulter.
„Von Ihnen werden wir bestimmt noch hören, Uri!“
Bescheiden errötete ich und freute mich über das Lob.

Dorli Beez

Name ________________________ Datum ______________

In der Sternenflotte – Aufgaben zum Text

1. Verbinde die Wörter mit der richtigen Erklärung.

Sternenflotte ○	○ Vorgesetzter, darf Anweisungen geben
Orden ○	○ Lehrling, Auszubildender
Offizier ○	○ Auszeichnung, Belohnung
Offiziersanwärter ○	○ Gruppe von Raumschiffen
Commander ○	○ Mannschaft
Monitor ○	○ Chef, Kapitän
Crew ○	○ Bildschirm

2. Wie heißt Uris Heimatplanet?

____

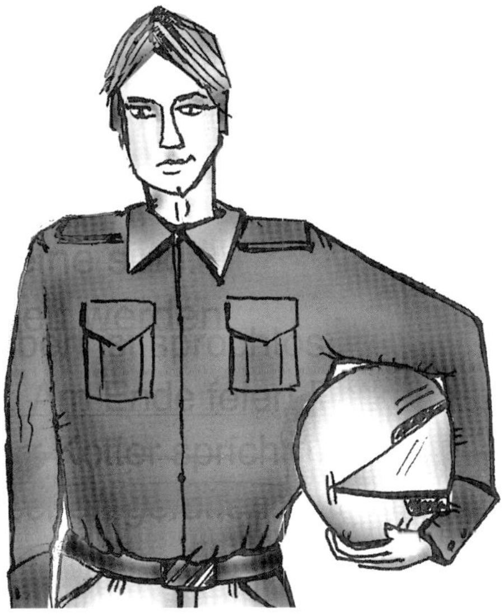

3. Was sind Uris Aufgaben am ersten Tag?

____

____

____

4. Welche Kleidung trägt Uri Tulei?

____

____

Name ______________________ Datum ______________________

3.

In der Sternenflotte – Aufgaben zum Text

5. Was ist die Milchstraße?

- ☐ Es ist eine Straße aus Milch.
- ☐ Es ist ein heller Streifen aus Sternen, den man nachts am Himmel sieht.
- ☐ Es ist der Weg von der Wiese zum Stall für Milchkühe.

6. Was bedeutet die Abkürzung UFO?

- ☐ Unbekanntes Fliehobjekt
- ☐ Unbekanntes Flugobjekt
- ☐ Unerkanntes Flugobjekt
- ☐ Unbekanntes Fliegobjekt

7. Was bedeutet *Alarmstufe Rot*?

☐ Alles o. k.! ☐ Gefahr! ☐ Guten Appetit!

8. Male das Raumschiff, auf dem Uri arbeitet.

9. Welche Abenteuer erlebt Uri noch? Schreibe in dein Heft.

Name ____________________ Datum ____________________

Hinter den Mülltonnen

Mona und Eva hatten Mülldienst.
Doch als sie wieder zurückkamen, waren sie ganz blass.
Zuerst bemerkten die Mitschüler nichts. Plötzlich musste Eva würgen.
Sie übergab sich auf dem Tisch.

Da merkten alle erst, dass den beiden etwas passiert sein musste.
Sie versuchten, die beiden zu beruhigen. *„Was ist denn los?"*, fragten sie.
Aber keiner verstand ihr Gestammel.

Als der Lehrer kam, verstummte die ganze Klasse.
„Wenn es doch nur immer so still hier wäre", witzelte der Lehrer.
Er wurde aber sofort wieder ernst.

Dann ging er mit Mona hinunter. Er ließ sich zeigen, was die beiden erschreckt hatte. Hinter den großen Tonnen befand sich ein blutiges, pelziges Bündel. Mimi, die Katze des Hausmeisters, lag blutend in der Ecke.

Der Lehrer schickte Mona zum Hausmeister.
„OH NEIN!", rief dieser, als er kam, und kniete sich zu dem armen Tier.
„Sie lebt noch! Holt schnell eine Decke!", rief er Mona zu.

Er wickelte das Tier in die Decke ein.
Der Hausmeister trug es zum Auto
und fuhr gleich zum Tierarzt.

Inzwischen ging der Lehrer mit
Mona zurück in den Unterricht.
Hier sprach die Klasse darüber,
wie so etwas passieren konnte.
Aber keiner kannte die ganze
Wahrheit.

Später hörten sie vom Hausmeister, dass Mimi überlebt hatte.
Eva und Mona werden diesen Tag nicht so schnell vergessen.

Dorli Beez

Name ____________________ Datum ____________

Hinter den Mülltonnen – Aufgaben zum Text

1. Welche Antwort stimmt? Markiere sie und notiere den Lösungsbuchstaben.

1. Woran merkten die Mitschüler, dass etwas nicht in Ordnung war? Achtung: 2 Antworten sind richtig.

Ⓐ Mona erzählte Witze.
Ⓛ Mona und Eva hatten blasse Kleider an.
Ⓜ Mona und Eva waren blass im Gesicht.
Ⓡ Mona übergab sich.
Ⓘ Eva übergab sich.

2. Woran merkte der Lehrer, dass etwas nicht in Ordnung war?

Ⓢ Alle Schüler schrien ganz laut.
Ⓜ Es war sehr still in der Klasse.

3. Die Mädchen zeigten dem Lehrer …

Ⓘ … ein blutiges, pelziges Bündel.
Ⓢ … ein Bündel mit Pelzen.

Lösung: Das verletzte Tier heißt ____ ____ ____ ____ .
1 1 2 3

Name ______________________ Datum ______________

Hinter den Mülltonnen – Aufgaben zum Text

2. Um welche Person geht es hier? Verbinde die Kreise.

Er sorgt im Schulhaus für Ordnung. ○		○ Lehrer
Er hilft verletzten Tieren. ○		○ Hausmeister
Er unterrichtet in der Schule. ○		○ Tierarzt

3. Welche Aussagen stimmen?

- ☐ Eva und Mona waren entsetzt, als sie das blutende Tier fanden.
- ☐ Sie holten sofort Hilfe.
- ☐ Sie setzten sich erst ins Klassenzimmer.
- ☐ Der Lehrer brachte das Tier zum Tierarzt.
- ☐ Der Hausmeister brachte das Tier zum Tierarzt.
- ☐ Das Tier überlebte.
- ☐ Das Tier starb.

4. Was könnte mit der Katze geschehen sein?
Überlege mit einem Partner und schreibe auf.

____

____

____

____

____

____

5. Wo sind dir schon einmal Tiere in Gefahr begegnet?
Unterhalte dich mit einem Partner.

Name ______________________ Datum ______________________

Seit gestern

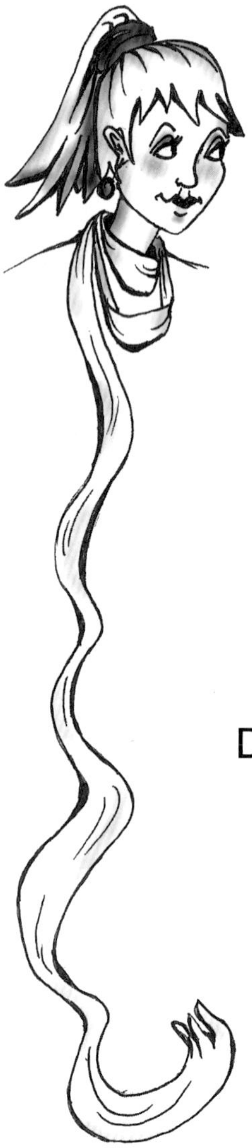

Bis gestern war's mir noch egal,
das Mädchen mit dem weißen Schal.
Eine von vielen, war einfach da,
bis ich ihr dann in die Augen sah.

Oh Mann, was war das? So war's ja noch nie!
Ich stand nur so da, mit zitternden Knien.
Auf einmal konnte ich gar nichts mehr denken,
die Zeit blieb fast steh'n und wollte nicht enden.

Seitdem weiß ich nicht mehr, wie mir geschieht,
und hoffe und bete, dass das keiner sieht.
Wie sie mir gefällt – ich würd's ihr gern sagen.
Doch stell ich's mir vor, dreht sich mir der Magen.

Ich lese ein Buch, was ist nur mit mir?
Denn meine Gedanken sind nur noch bei ihr.
Ich schau auf mein Blatt und was sehe ich da?
Verflixt, ihre Augen sind schon wieder da!

Ich lauf durch die Straßen und rede mit ihr.
Jetzt wird's wirklich komisch – sie ist gar nicht hier!
Und wie ich so gehe, im Kopf nur ihr Bild,
steht sie plötzlich vor mir, mein Herz rast wie wild.

Wie stell ich's nur an? Was soll ich nur machen?
Bin gar nicht geübt in solch schwierigen Sachen!
Die Beine wie Pudding, der Kopf, der schwirrt.
Sie lächelt mir zu, ich bin total verwirrt.

Annett Cremer

Name

Datum

Seit gestern – Aufgaben zum Text

1. Wie nennt man das Gefühl in dem Gedicht?

____

2. Ging es dir auch schon einmal so?

____

3. Versuche, selbst zu reimen. Setze ein:

Kleid	dran	Geschrei	wann	Zeit	an	Spielerei	dann

Hab's lang nur geträumt, endlich ist es so weit.
Doch nun ist es wirklich an der ____________________,
ihr einfach zu sagen: „Du gefällst mir". Oh Mann,
ich stelle mich wirklich recht albern ____________________!

Darf's jetzt nicht vermasseln, sonst ist es vorbei.
Dann bleibt wirklich alles nur ____________________.
Ich fass mir ein Herz und spreche sie an.
Und nun stellt euch vor, was antwortet sie ____________________?

4. Dichte selbst eine Strophe.

____

____

____

____

Name ____________________ Datum ____________________

Die Neue

Katja ist seit fünf Wochen neu in der Schule. Sie lebt jetzt im Heim. Im Schulgebäude findet sie sich nicht so gut zurecht. Auch die Namen ihrer Mitschüler kennt sie noch nicht. Katja wünscht sich wieder Freunde.

Manchmal denkt sie an etwas Lustiges und muss lachen.
Aber dann sagen die anderen: *„Lach nicht so blöd.“*
Katja denkt: *„Als ob man blöd lachen könnte! Die sind aber auch gemein!“*
Sie fühlt sich ganz allein und traurig. Ihr kommen die Tränen. Jetzt lachen andere sie aus.
Katja grübelt: *„Warum freuen die sich, wenn ich traurig bin? Niemand mag mich. Die Mädchen reden nicht mit mir und lassen mich nicht mitspielen!“*

Jetzt lacht Anna sie aus, weil sie rote Haare hat! Katja wird wütend.
Sie stampft mit den Füßen und weint.
Die Lehrerin kommt. Die Mitschüler laufen weg.
Katja denkt: *„Jetzt will mich wieder keiner geärgert haben.“*
Sie zerreißt ein Blatt und wirft es weg. Nun schimpft auch noch die Lehrerin. Katja will nach Hause.

Anna beobachtet Katja und denkt: *„Die Jungen interessieren sich nur noch für Katja!“* Anna ist genervt. Katja lacht oft ohne Grund. Anna überlegt: *„Warum lacht Katja? Genau! In der Mathestunde konnte sie die Aufgaben lösen und ich nicht. Die Lehrerin hat Katja sehr gelobt. Alte Angeberin!“* Anna fällt keine Lösung für ihre Aufgabe ein. Jetzt lacht Katja schon wieder. Anna denkt: *„Die lacht doch nur, weil ich meine Aufgaben nicht kann! Die kann in der Pause was erleben …“*

Annett Cremer

Name

Datum

2.

Die Neue – Aufgaben zum Text

1. Wie heißt das Mädchen, das neu in die Klasse gekommen ist?

☐ Anna ☐ Katja ☐ Katharina

2. Was wünscht sich Katja?

☐ Sie will zu ihren Eltern.
☐ Sie will wieder Freunde.
☐ Sie will einen Hund.

3. Warum muss Katja manchmal lachen?

☐ Sie denkt an etwas sehr Lustiges.
☐ Sie lacht andere aus.
☐ Sie kann besser rechnen.

4. Worüber spottet Anna?

☐ über Katjas Kleidung
☐ über Katjas Haare
☐ weil Katja so schlecht liest

5. Seit wann wohnt Katja im Heim?

☐ 5 Tage ☐ 5 Wochen ☐ 5 Monate

6. Was denkt Anna über Katjas Lachen?

Die lacht nur, …
☐ … weil ich meine Aufgabe nicht kann.
☐ … weil sie an etwas Lustiges denkt.
☐ … weil die Jungen sie lieber mögen als mich.

7. Was passiert wohl in der Pause?

____

____

____

Name ____________________ Datum __________

Zickenalarm

Hallo!
Ich heiße Lilli und gehe in die achte Klasse.
Meine Freundinnen Kathi und Maxi kommen gerade in die Klasse. Sie übersehen mich.
In der Pause gehen sie vor mir aus dem Zimmer.
Seit dem Streit von gestern ist alles anders.
Wir hatten so viel Spaß miteinander!
Wir haben über die Jungs viel gelacht und über Neuigkeiten geredet! Und jetzt ist alles vorbei?

„Warum redet ihr nicht mit mir? Was habe ich getan, los sagt schon! Schaut mich nicht so dumm an! Habt ihr Probleme?“ Aber sie werfen mir nur einen unfreundlichen Blick entgegen und behandeln mich wie Luft. Nun werde ich wütend und brülle los. *„Ihr seid ganz gemein und eingebildet! Ich will ja nur wieder eure Freundin sein!“* Aber sie sagen nichts und gehen einfach weiter! Vielleicht ist morgen alles wieder gut.

Doch nichts ist anders. Warum sind die so gemein zu mir?
Auf einmal kann ich meine Tränen nicht mehr zurückhalten.
Meine Lehrerin gibt mir ein paar Tipps. Ich soll nachdenken.
Na ja, vorgestern habe ich schon ein wenig gelästert.
Ich habe *„Zicke“* gesagt. Das war nicht sehr nett. Was mache ich nur?

Am dritten Tag spielen Maxi und Kathi Uno.
Sie beachten mich wieder nicht. Ich würde so gern mitspielen! Soll ich jetzt fragen?

„Darf ich mitspielen?“, frage ich vorsichtig.
„Ja, setz dich zu uns.“
Ich kann es noch gar nicht glauben.

Wir sind wieder Freunde.

Angela Schmidtkunz

Name ____________________ Datum ____________________

Zickenalarm – Aufgaben zum Text

1. Welche Antwort stimmt?
Markiere sie und notiere den Lösungsbuchstaben.

1. Mit wem hat Lilli Streit?

(A) mit Rosi und Liesel
(S) mit Kathi und Maxi

2. Welchen Spaß hatten die Mädchen?

(O) getanzt und gesungen
(T) über Jungs gelacht

3. Bei wem sucht Lilli Hilfe?

(K) bei einer Freundin
(R) bei der Lehrerin

4. Fängt Lilli an zu weinen oder zu lachen?

(E) weinen
(L) lachen

5. An welchem Tag spielen Maxi und Kathi Uno?

(M) am fünften Tag
(I) am dritten Tag

6. Fragt Lilli ihre Freundinnen, ob sie mitspielen darf?

(T) ja
(F) nein

Lösung: ___ ___ ___ ___ ___ ___
1 2 3 4 5 6

2. Warum gab es diesen Streit?

____

____

Name ______________________ Datum ______________________

4.

16 Jahre, 17 Jahre – Wünsche

Hallo Leute, das bin ich:
Ich heiße Michaela und bin 17 Jahre alt.
Mit meinen zwei Geschwistern und
mit meinen Eltern wohne ich
in einer 4-Zimmer-Wohnung.

Als ich klein war, da wollte ich ein Pferd.
Ich dachte, ein Pferd beschützt mich
und ich kann es ganz doll lieb haben.
Leider bekam ich kein Pferd.
Wir wohnen in der Stadt und mit dem Geld
reichte es auch nicht.

Nun bin ich 17 Jahre alt geworden, letzten Donnerstag.
Ich habe zum Geburtstag einige CDs, eine super Tasche
und viele Klamotten geschenkt bekommen.

Wichtig ist mir aber etwas ganz anderes. Wie geht es weiter?
In letzter Zeit werde ich ganz aufgeregt, wenn ich Tim in der
Pause treffe. Ich möchte schon gerne einen Freund, mit dem
ich mich richtig gut verstehe.
Aussehen soll er irgendwie süß. Ich möchte sooft es geht
mit ihm in die Disco gehen. Filme mit jungen Leuten oder
auch Liebespaaren und Musik sollten ihm auch gefallen.

Nächstes Jahr werde ich schon 18 Jahre.
Da soll eine Party steigen und ich lade meine
ganze Clique dazu ein.

Thomas Reißer

Name ____________________ Datum ____________________

16, 17 Jahre – Wünsche – Aufgaben zum Text

1. Beantworte die Fragen zum Text in Stichworten.

1. Wie heißt das Mädchen? ____________________
2. Wie alt ist sie? ____________________
3. Wie viele Geschwister hat sie? ____________________
4. Was wollte sie als kleines Mädchen? ____________________
5. Was hat sie zum Geburtstag bekommen? ____________________
6. Hat das Mädchen einen Freund? ____________________
7. Und was wünscht sie sich? ____________________
8. Und mit 18 Jahren? ____________________

2. Michaela schreibt eine Kontaktanzeige.
Welche Anzeige ist von Michaela?

☐ Hallo,
ich bin Micha!
Ich suche einen
starken Typen
mit Lederjacke,
Motorrad und
coolen Freunden.

☐ Hallo,
ich bin Michaela!
Ich suche einen
Freund, der gerne
in die Disco geht
und Filme mag,
die nicht brutal sind.
Du sollst irgendwie
süß aussehen.

3. Was bedeutet es, wenn man 18 Jahre alt wird?

____

____

4. Was für Wünsche hast du? Schreibe in dein Heft.

Name ____________________ Datum ____________________